抗日英雄小故事系列

U0456171

高志航

周东升　汪铮／主编

龙吟娇／编著

团结出版社
UNITY PRESS

图书在版编目（CIP）数据

高志航 / 龙吟娇编著.--北京：团结出版社，
2014.12（2021.9重印）
（抗日英雄小故事系列 / 周东升，汪铮主编）
ISBN 978-7-5126-2992-9

Ⅰ.①高… Ⅱ.①龙… Ⅲ.①高志航（1907～1937）
–传记–青少年读物 Ⅳ.①K825.2-49

中国版本图书馆CIP数据核字（2014）第165676号

出　版：团结出版社
　　　　（北京市东城区东皇城根南街84号　邮编：100006）
电　话：（010）65228880　65244790（出版社）
　　　　（010）65238766　85113874　65133603（发行部）
　　　　（010）65133603（邮购）
网　址：http://www.tjpress.com
E-mail：zb65244790@163.com（出版社）
　　　　fx65133603@163.com（发行部邮购）
经　销：全国新华书店
印　刷：天津兴湘印务有限公司

开　本：670毫米×960毫米　16开
印　张：9
字　数：83千字
版　次：2014年12月　第1版
印　次：2021年9月　第4次印刷

书　号：978-7-5126-2992-9
定　价：29.80元

目　录

第一章　飞鹰的成长 ················· 001

第一节　上帝庇佑　飞鹰从天而降 ··············· 001

第二节　自命不凡　小少年天分过人 ··············· 004

第三节　弃笔从军　进陆军学校学习 ··············· 008

第二章　飞鹰的起飞 ················· 013

第一节　锦囊妙计　想出良策去法国 ··············· 013

第二节　改换新名　从铭久到志航 ··············· 017

第三节　留学法国　飞鹰在法国起飞 ··············· 020

第三章　飞鹰学成荣归 ················· 027

第一节　荣归故里　收获异域爱情 ··············· 027

第二节　智斗土匪　打没有硝烟的战争 ··············· 031

第三节　拔刀相助　日本人落荒而逃 ··············· 036

第四节　拒绝招安　志在报效国家 ··············· 040

抗日英雄
高志航

抗日英雄小故事

第四章　飞鹰的第二次生命 ………………………… 045

第一节　飞鹰折翅　右腿不幸骨折 ………………… 045

第二节　二次手术　重新燃起希望 ………………… 048

第三节　另类称呼　高瘸子飞行员 ………………… 052

第五章　飞鹰南下报国 ……………………………… 056

第一节　死里逃生　只得南下报国 ………………… 056

第二节　投靠国民政府　受尽排挤 ………………… 060

第三节　结绳飞行　第一支驱逐机队诞生 ………… 064

第四节　军令无情　不得不与妻子诀别 …………… 068

第六章　飞鹰的雄风 ………………………………… 073

第一节　祝寿献艺　被蒋介石授予勋章 …………… 073

第二节　严格训练　如何掌握空战技术 …………… 077

第三节　宋美龄接见　向胜利起飞 ………………… 080

第七章　飞鹰再次飞往国外 ………………………… 085

第一节　赴意考察　购机遇见困难 ………………… 085

第二节　扬名国际　受墨索里尼召见 ……………… 089

第三节　力战困难　把霍克 -3 带回家 …………… 093

第四节　英雄美人　第三次婚姻 …………………………………… 098

第八章　飞鹰在战火中翱翔 ………………………………… 103

第一节　挑战极限　暴风雨中的八一四空战 …………………… 103

第二节　再接再厉　八一五空战大获全胜 ……………………… 107

第三节　抚慰军魂　英雄受伤疗养 ……………………………… 111

第九章　飞鹰继续奋进 ……………………………………… 116

第一节　寻妻未果　立志献身空军事业 ………………………… 116

第二节　坐骑重生　对霍克 -3 的更新改造 …………………… 120

第三节　卷土重来　10·12 空前激战 ………………………… 124

第十章　飞鹰告别远去 ……………………………………… 128

第一节　接受援机　飞鹰遭人暗算 ……………………………… 128

第二节　无尽缅怀　飞鹰离我们远去 …………………………… 132

抗日英雄

高志航

第一章　飞鹰的成长

第一节　上帝庇佑　飞鹰从天而降

吉林通化县有一个叫作三棵榆树村的小地方，这是个小之又小连在地图上都不容易找到的弹丸之地。但这个不起眼的小村庄诞生了一位很不平凡的人，正是这个人改变了中国空军的历史。

1907年5月的一天，虽然江南正在逐渐进入炎热的夏天，但是辽阔的东北平原上还时不时刮着一阵阵微冷的风，虽然有风，但是天空却格外蓝，几只矫健的雄鹰展开宽大的翅膀在蔚蓝的天空中翱翔。

高焕章看了看头上的蓝天，他的心像雄鹰一样自由、畅快，因为他正等着他第一个孩子的出生。他不知道第一个孩子是男孩还是女孩，不知道这个孩子今后是顽皮还是乖巧……他有很多期待，初为人父的喜悦是掩饰不住的。

他望着进进出出忙个不停的人们，看着她们涨红的脸，心中就有说不出的高兴。他对着蓝天画了个十字架，心中默念着上帝保佑母子平安。高焕章信奉基督教已经很多年了，他相信他的善行肯定会带来善报。祷告完没多久，一个老妈子跑出来告诉他："恭喜，恭喜，生了个胖小子，哭的声音老大了，俺

抗日英雄
高志航

抗日英雄
小故事

看以后一定中用。"高焕章笑着谢了老妈子，他搓着手兴奋得不知道该往哪儿搁，因为他的第一个孩子竟然是个男孩。当时重男轻女的封建思想还是很严重的，更何况他们高家世世代代生活在三棵榆树村，靠着勤劳和节俭终于置了一份还算大的家业，这些来之不易的房屋、田产得靠一个男孩继承，高家的香火才能顺利延续下去。刚好他与妻子的第一胎就是个男孩，这正合他的心意，所以他的欣慰是自然而然的。

高焕章从外面快步走到妻子的床边，心里暗想一定要好好培养这个孩子，他没想到这孩子将来会成为举世瞩目的英雄，他只站在一个普通父亲的立场上希望孩子能成材，然后好好传递香火，这样高家就有希望了。他从妻子手中接过孩子，"好小子！哭声果然很大。"他对妻子说，"我们就叫他高铭久，铭记今天，让高家在乱世中走得更永久。"妻子点头表示同意。

高家有乐善好施的传统，特别是每年秋天粮食丰收的时候，高家总是把刚从地里收回的粮食分一部分给村里最穷困的人。平日里左邻右舍要是遇见了难事儿，只要听见一声"铭久他爹"或是"铭久他娘"，高焕章夫妇两人总是乐呵呵地帮助别人解决困难，有钱的时候就出钱，有力的时候就出力。

深冬季节高焕章把几袋大豆、高粱送到村东头王大爷家，他想着王大爷无儿无女，老伴儿又走得早，没有一个人照应，大冬天的，大雪封山，王大爷的余粮肯定不多了。隔壁李婶儿的小女儿文珍感染了严重风寒，李婶儿冒着雨来找他们，铭久他娘先是到教堂叫了一名医生，然后陪李婶儿通宵达旦照顾文珍，文珍病好之后，两家的关系更加亲密了。所以三棵榆树村的村民闲聊时一提起高家，都竖起大拇指，他们对铭久也格外照顾。有时候高焕章两口子有事外出很长一段时间，他们把儿子托付给村里人，大家都乐意照顾铭久。

铭久从小就和普通农民家的孩子一块长大，并不因为自家条件好一点就和大家保持距离，显得自己很了不起一样。高焕章虽然没读过什么书，但他知道与人为善的道理，他经常对小铭久说："久儿啊，咱们现在虽然有吃有穿，但都是靠我、你祖父和你祖父的祖父勤俭持家得来的，你要懂得珍惜，这一切也靠村里人的照应才能有，所以你今后长大了不管走到哪儿都不要忘了咱村的人，要记得报答他们。"

铭久听后，当时他还小只能似懂非懂地点头，但他真的喜欢和村里的孩子在一起玩耍，像掏鸟窝、捉迷藏、打水仗，大家总是乐此不疲。而他最喜欢的是和大家下五子棋，他和小伙伴趴在大柳树下，一下就是一个下午。他第一次战胜了村里最大的孩子时，其他小伙伴不断为他喝彩，他心花怒放了好几天，比吃了蜜还甜。

第二节　自命不凡　小少年天分过人

东北平原上的高粱熟了一季又一季，黑土地被白雪覆盖了一年又一年。随着时间的流逝，高铭久不知不觉间长大了，他不再是那个到处掏鸟窝、趴在地上就可以下棋的野孩子了。

一天下午，他和村里最要好的伙伴大鹏在房间里用木头做枪。大鹏想要一挺机关枪，而他却只想要一个盒子手枪。他们俩正在为枪的事发生争执时，突然房门被推开，高焕章走了进来。"爹""叔"两人同时叫了一声，高焕章笑着应了，说道："你们两个在鼓捣枪啊，这家伙可不是闹着玩儿的，就说前段时间，几个军阀之间为了争夺咱东北地盘儿，打得呀，那场面是又壮观又惨烈。"

大鹏张大嘴巴愣了一下，"真的吗？叔，等我们长大了也去当兵，好保护我们三棵榆树村。"

"当兵你们现在还是太小啰。今天我和铭久他娘从县城回来遇见了教堂神父，他还记得咱们铭久，一直夸他聪明，所以推荐他到县城去读书。"

高铭久听后兴奋地拉住他父亲，"爹，您说我可以到县里读书？可以到县城去了？""一万个确定，今天我都和你娘商量好了，过两天就动身。"高焕章想，世道不管再乱，他都要送孩子去读书，他考虑得不长远，但他知道通过读书至少可以让高家扬眉吐气。

一切准备妥当后，高铭久就和大鹏坐上了去县城的马车，驾车的人是铭久的父亲。大鹏是村里赵叔的儿子，和铭久同岁，赵叔经常在铭久家干活，时间一长两家的关系就很不错，大鹏也就成了铭久的小跟班。这次到县城读书，铭久一定要带上大鹏，高焕章也就答应了，赵叔自然是乐意的。

坐在奔跑的马车上，一望无际的黑土地飞也似的在车周围展开。对于铭久这个十来岁的孩子来说，他是又兴奋又期待，还有一点感伤，因为这是他长这么大第一次要远离家乡。想到村东头常给他讲故事的王大爷，隔壁待他如亲儿子的李婶儿，还有那棵大柳树……他就非常舍不得。于是他一遍遍想，他一定要好好读书，要对得住他爹和娘，还有三棵榆树村从小就照

抗日英雄

高志航

顾他的长辈们。

县城果然要比三棵榆树村热闹得多，神父和高焕章把铭久、大鹏送进学校之后，就离开了。

上课的第一天可没有想象中美妙，当先生给班上其他同学介绍完铭久和大鹏后。有的同学做鬼脸，有的同学做轻视的表情，大家都想，三棵榆树村？哼！是一个什么鬼地方？这两个家伙肯定笨得要死。下课后很多有钱人家的孩子故意找他俩的麻烦，也不和他俩一起玩耍。每次铭久都想好好教训这帮混蛋，大鹏怕他们人多势众，担心铭久吃亏，劝铭久不要冲动。

直到有一天，先生突然要大家挨个来背诵刚教过的那篇长长的古文，背不到的全要挨板子。大家都傻眼了，昨天才教的，

抗日英雄
小故事

连读不读得通顺都还是个问题，更何况背诵了。班上没有一个人背得出来，先生很生气，平日里那些耍威风的小霸王被先生的戒尺打得哇哇直哭。最后轮到高铭久背诵了，只见他站起来，背诵如流还很陶醉，背诵完后连意思也给大家说了。大家一个个目瞪口呆，这怎么可能？先生也很吃惊，因为他对这篇文章的意思都不全懂，看来大家太小看这个来自小山村的孩子了。

自此以后，班上其他学生对铭久分外尊重，不敢再欺负他了。每次考试，铭久的成绩都是名列前茅，还超过第二名一大截。在大家看来，铭久简直就是神仙下凡。所以大鹏每次走到铭久旁边，他感觉很骄傲，故意把胸膛挺得高高的，谁说小山村的孩子就不行？

三年之后，铭久来到沈阳。在神父推荐下，凭着优异的成绩，他进入了沈阳中法学校，这是由法国人在当时创办的一所水平最高的学校。大鹏学习不好就辍学了，他想在沈阳学点小手艺。

在中法学校，铭久一待就是四年。这四年他以极高的领悟力和学习天赋，一口气掌握了法、俄两种语言，他尤其精通法语。中法学校给学生上的课与县城的那所学校上的很不一样，除了古文，高铭久开始知道法国的大作家雨果，俄国的列夫·托尔斯泰，他知道有门神奇的学科叫科学等，这些在国内其他学校是闻所未闻的。他还开始知道，国外有大量的蒸汽火车、轮船、飞机，而中国却很少甚至没有，尤其是飞机，太神奇了，它是可以在天上飞行的大鸟！他不敢想象驾驶着一只铁鸟，在天空中自在飞行是一种什么样的感觉。

这时的铭久已经十七岁了，长长的脸，深邃的目光，配上英气的眉毛和高挺的鼻梁，使面部轮廓清晰、刚毅，他俨然是一个男子汉了。

第三节　弃笔从军　进陆军学校学习

临近毕业，又到了槐花飘香的季节，大街小巷每一个角落都充满了浓浓的香味。铭久考完最后一场毕业测试，走出校门，金灿灿的阳光使人有点睁不开眼睛。他深吸一口混着花香的空气，一路吹起嘹亮的口哨，径自走到大鹏的家。只顾忙着毕业，连着好几个月都已经没看见大鹏了。

大鹏住在巷子深处的大杂院，一个人租间房子，靠做点小手艺过活。看见铭久走进又脏又乱的屋子，大鹏很不好意思，手忙脚乱地给他腾出一块坐的地儿。刚坐下，铭久拍了一下大鹏的肩膀说："都是老兄弟了，有啥客气的，不喝水，你也坐下，我们好好唠唠。"

大鹏也就坐下了，他见铭久今天心情很好，就关切地问道：

"我说铭久，你马上就从中法学校毕业了，还学得一身本事，今后准备干什么？"

"这个嘛，具体的还没想好，只要对国家有用，走哪条路都成。我倒是想到小时候我俩玩木枪的那阵子，当个军人也不错。"

"什么？你要当兵"，大鹏说，"你不靠辛苦学来的这身本事升官发财，却要去当兵，你爹娘知道了准反对，他们还指望你传香火、光耀门楣呢"。其实他心里还有个秘密，因为铭久的爹娘给铭久相中了一个媳妇，这个年龄是该成家立业了，万一去当兵，三年五载的，这新媳妇该怎么办。

铭久从大鹏诚实的脸上看出了不解，他爽朗地大笑，露出整齐的牙齿说："男子汉就要干一番大事，我想了很久，你看咱们国家年年有战争，日本已经开始威胁中国了，不需要多久，我们村都可能要遇到危难。当兵不能升官发财，但是可以保护三棵榆树啊。"说着说着，铭久一贯豪爽的声音也低沉了下来。

不得不承认铭久说的都是大实话，大街上到处都是逃难的人。大鹏昨天就亲眼看见一个母亲穷得没办法养活所有孩子了，只好卖最大的女儿。他不敢管，一是没钱，二是怕出事，只能眼睁睁地看着那个小女孩被一个恶人低价买走。想到这一切，他不再作声，算是赞同了铭久的想法。

这个夏天，高铭久回到阔别已久的家乡，村里人都赞叹这个争气的孩子，只不过几年没见，他们差点儿没认出铭久，都说铭久长大了，变稳重了。一回到家，铭久的娘就抱着他哭了，没想到这个当年的毛头小子如今比他爹还高一头，她天天盼着铭久早点学成回家，这天终于到来了。铭久爹抱怨他娘在大喜的日子哭哭啼啼的，就一再催她去做饭，他乐滋滋地去买酒，心想就趁今天给铭久把婚事也说了。

晚上，月亮又大又圆，满屋了都是光辉。掌灯时分，铭久与他爹娘，还有五个弟弟、一个妹妹，一家九口团团围坐在桌边吃晚饭。吃饭的时候，铭久的弟弟们总向他打听在教会学校的事儿，对他们来说外面的世界比三棵榆树村更有吸引力。

饭后，铭久的爹娘把他叫进了自己的房间。"久儿，你爹有事给你说，快坐吧。"铭久就坐在了炕边。

"铭久，我和你娘盼星星、盼月亮终于把你盼回来了。现在好了，你学业有成，我已经托神父在县里给你谋了一份差事，先从小官做起。"铭久感觉不妙，果然，父亲接着说："我和你娘还给你把亲事安排好了，李婶儿家的文珍，贤淑又美丽，和你刚好成一对儿。我们就等你回来把这事办了。"

停了好一会儿，铭久在灯下才缓缓抬起头，"爹、娘，孩儿要让你们失望了。如今世道混乱，我不想走仕途，更不想谈婚论嫁。我只想当一名军人，日本的部队已经开进了东北境内，在沈阳我亲眼见到了许多逃难过来的人。毕业之前我就下定决心去当兵，我读了那么多书，现在是该派上用场的时候了"。铭久说得很慢，但每一个字都异常清晰，他知道自己的决心。

听完铭久的话，高焕章非常生气，他大声说："我和你娘把你拉扯这么大，辛苦送你去读书，盼了那么多年，等到的就是你的这番话吗？你根本就不知道你娘是多么想让你留在身边，每天都要把你叨念好几遍，连做梦都在叫你。"

"爹，你是不知道外面的情势。"铭久低低说了一声。

"我是不知道现在天下大乱到什么程度，我只知道我们养

011

抗日英雄
高志航

你不容易。"铭久爹说完气急了就站了起来。

铭久娘见势不妙，就打发铭久回房休息了。那一晚铭久爹娘商量了一整夜。接下来几天，父子关系都很紧张，铭久忍着父亲的不满，还是像往常一样孝顺他，因为他能体会父亲的苦心。但是，他下定决心的事是不会改了。

转眼到了临走的时候，一家人又要送他了。父亲的口吻也比之前柔和了一些，他送给铭久一件皮大褂，里面是狼毛，狼毛是最御寒的。他告诉铭久："今后当兵了，大半夜的要站岗、放哨，一晃大冬天就要来了，夜里没件御寒的褂子穿在里面会抵不住冷。"

母亲也给他重新添置了帽子和衣服，忍不住地不停掉眼泪。弟弟妹妹叮嘱他一定要经常给他们写信，他们等他回来。

铭久又一次坐上了离开家乡的马车，父亲老了不能再为他驾车。"对不起，爹、娘，我不能陪在您二老身边孝敬你们。今后一定好好儿报答你们。"铭久望着西沉的太阳和哺育他长大的黑土地，不断默念着，眼泪都快掉下来。

他下一个目的地是东北陆军军官学校。

第二章　飞鹰的起飞

第一节　锦囊妙计　想出良策去法国

　　经过重重检测，高铭久以过五关、斩六将的气势顺利通过了东北陆军军官学校的新兵考试，正式成为炮兵连的一名学员。

　　由于炮兵是陆军主要的火力攻击力量，其战斗指数在陆上部队中算是最高的，所以对人的技术、反应、体能要求很严格。而经过短短几个月的训练，高铭久已经熟练掌握火箭炮、坦克等的操作技术。在一次军事演习中，高铭久的投靶命中率几乎为百分之百，而且速度也惊人。这使他得到郭松龄将军的赞许，全连的人给他起了个外号叫作"小战神"。他对战神的称号可没放在心上，他是自由惯了的，这外号感觉有点让他承受不起。

　　当时奉系军阀张作霖和其儿子张学良为了加强奉军的实力，成立了东北航空学校。他们把从国外购买的飞机编组为飞龙队、飞虎队和飞鹰队，张学良担任飞龙队的队长，并被任命为东三省航空总办。增加空军这一新的军种后，奉军的作战实力大大提高，一年后又新组了飞鹏队和飞豹队。

　　张学良急需为他的空军招募一批优秀学员，这可是万里挑一的，对人员素质的要求到了将近苛刻的地步，连身体上有一点点疤痕都不行，所以就有人戏说："进飞行队比见到一个活菩萨都难。"当时报名的有数万人，最后合格的也才十几个人，高铭久就是其中之一，他被分配到了飞鹰队。

铭久曾经在中法学校读书时，每次听老师上课讲到飞机，他都特别入迷，他一直渴望着有一天驾驶着一只大铁鸟，从云雾里穿行，在狂风中呼啸而过。那时候中国没有飞机，更不用说开飞机了，他的这个梦想就一直压在内心最深处。如今这梦想竟然实现了！很多次他站在飞机身旁，一直质问自己"这不是在做梦吧！"

直到他身穿黄呢空军服，脚蹬黑色马靴，腰间束着一条宽皮带，皮带一边再挂着一只盒子枪，英姿焕发地站在大鹏面前时，大鹏告诉他没有做梦，一切都真实着哩！

经过一年的刻苦训练之后，张学良果断做了一个决定：派送一批飞行队员到法国留学，学习更先进的飞行技术。通知一下发就如同在平静的湖水里投进了一枚炸弹，每个人的心都被搅动了。大家跃跃欲试，为了争取一个名额似乎要把自己的绝活使尽了。而高铭久却没那么顺利了，刚好这个时候，他娘生了很严重的病，家里写信催他回家，说他娘现在最牵挂的人就是他。

最后他毅然决定回去看望娘，想到上次离家从军，娘抱着他痛哭，心里就难受。他想就等回连队之后再参选吧，因为娘只有一个，机会可能会有很多次。

于是，他选择回家几天，见娘的病好转之后，他又火速赶回飞鹰队。可惜报名的日期刚好截止，他心里闷闷不乐，打不起精神来，队友以为是他娘的病没好，所以他才情绪低落。

最后，他实在按捺不住了，决定再努力一把。当天晚上他敲响了队长的房门，向队长说明了自己不能参选的情况。当他说到立志航空的志愿时，激动得无语伦次，最后是长时间的沉默。他在等待队长的命令，屋子里的空气凝重起来，他似乎听见了血液在血管里缓缓流动的声音。

沉默了好一阵子，队长终于发话了："年轻人，有胆识，再给你一个参选的机会。去，好好休息一晚，明早才能打起精神考试。"

真是喜出望外，铭久怕听错了，说："队长的意思是……"

"给你一个机会，算是额外开恩了。"队长又说。

抗日英雄
高志航

啪！铭久对队长行了个礼，"谢谢队长"，然后就准备离去了，他因为高兴竟忘了脚下有门槛，差点儿摔倒。

第二天一大早，铭久就跑去考试了。半晌之后，只见一名教官拿了份结果，满脸沉重地把结果给了铭久。

看了结果，铭久感觉冰从脚底一直浸到头顶，全身都木了，只见上面赫然写着：身高不够，故不能入选。

"你比标准身高矮了一厘米，但这是规定，没办法。"教官遗憾地说。

队长也为难了，不知道怎么办才好，规矩是张学良将军定的，他也无法改变。他建议铭久去找炮兵连的黄振威队长帮忙，或许事情还有转机。铭久找到黄队长后，黄队长早就知道了他之前的事情，也预料到了他这次来拜访的缘由。还没等铭久开口，他说："不要悲观，有黄队长在，这事就有挽回的余地。"

铭久问道："怎么个挽回法？"

"我自有妙计"，黄队长凑近了铭久低声说，"听说你的法文很好，可当真？"

"别人说我是'小战神'，我可不敢当，但是我对我的法文是非常自信的，不怕您笑话。"说完，铭久还是有点不好意思。

"这就好办啦，听说张学良将军有个特殊嗜好，他也很喜欢法语。你就给他写封信，推荐一下自己，记得一定要用法语写，最美的那种。"

"果然是一条良策"，铭久拍了一下脑门，"我为什么就没想到呢！男子汉就应该再赌一次，我还输得起。"

回到飞鹰队，铭久立马动笔开始写，从初稿、二稿、三稿，直到最后的定稿，铭久兴奋地写了无数遍，生怕有一点不完美，句句都是肺腑之言。他把信托人转交给张学良后，就是等待了。

不久，铭久收到了张学良的回复，他决定追加一个赴法留学的名额。听到消息后，铭久立马去买酒，和队长以及队里其他的朋友庆祝这个伟大的时刻。据大鹏后来回忆，这是高铭久人生的第一次重大转折，庆祝是自然的事。

第二节 改换新名 从铭久到志航

为了纪念这次命运的转折，高铭久毅然把自己的名字改成了高志航，以表示他志在航空的决心。这让大鹏一下可真适应不了，从小就叫惯了铭久，突然换了个名字似乎重新换了个人。第一次被铭久逼着叫志航，他憋了半天终于憋出了这个名字，在志航的大笑中，他感觉到眼前这个从小就黏在一起的朋友确实是变了。他仿佛看见了志航开着战机，在枪林弹雨中和敌人战斗的情景。

后来张学良特意召见了这个让他破过格的人。那封法文信写得实在太好了，至今他都还在回味。

来到张学良的府邸，张学良首先问他："高铭久，不，高志航，等不了多少日子，你就要到法国。那可是一个很远的地方，那里的飞机型号、飞行技术在全世界是一流的，比中国要强很多，这就意味着， 你们想做得好，就要面对相当大的困难了，你做好准备了吗？"

"您说的困难我也曾料想过，现在中国正处于战争中，再大的困难也要努力克服，不然拿什么抵御外辱呀"，他停顿了一下， "更何况，将军您对我有知遇之恩，所以我把名字改成了高志航，从今以后天空就是我家。"

屋外的蝉高一声、低一声叫着，屋里的夏花正在怒放。张学良感到很宽慰，他的破格是正确的，差点儿埋没了一个人才。

"其实我最欣赏的就是你这种敢冒险、有志气的年轻人。我听说你以前在炮兵连就出尽了风头，是个当兵的料。但是你要知道的是，今后你开的是战斗机，需要在战火中穿行，这可不是个浪漫的职业，还会有生命危险。"

高志航郑重地说："我敢给您写信，经历了那么多曲折还是争取到法国去，这证明我不是贪生怕死的人，不会当到法国学习是一次浪漫的旅行。"

那天他们从国内的空军情况说到国际的空军水准，中国的空军正处于起步阶段，他们算是第一个吃螃蟹的人，所以还有一长段路要走。他们分析了日本最近在东北的野蛮行径，看出了他们的阴险用心。而在对付日军方面，空军将成为最主要的力量。所以这次赴法学习，真是任重而道远。

说着说着不知不觉间太阳就快要下山了，张学良很喜欢和这个年轻人说话，发现他的很多见识与自己的一样，也一样有股闯劲儿，他身上似乎有着自己的影子。

出国之前是一系列培训，从语言、身体素质、技能等方面不能有一点马虎，为的是让这些中国空军的精英能很快适应国外的环境，不给我们中国人丢脸。这样一来，高志航根本无法抽出身回老家探望一下，这一别，他与父母隔的不再是几个县，而是很多个国家，不知道要何年何月才能相见了，更何况母亲的病还没有痊愈。

无奈之下，他只能给家里写一封信，算是道别。

爹、娘：

铭久不孝，娘病重时我不能陪在身边，你们年纪大了，我这个长子不能尽到孝道。明天我又要远去法国，在那边学习先进的空中作战技术。日本加快了侵略中国的步伐，他们的野心不再埋在心里而是挂在脸上，试想国破了，每一个小家还能存在吗？所以我擅作主张把名字改成了高志航，从此以后，除了你们之外，天空是我父亲，中国这块土地就是我母亲，哪怕今后为了自己的父母亲献出生命也没有怨言。希望爹娘原谅我的自作主张和不孝，娘不要经常让风给吹着，爹也要注意身子，代我向弟妹们问好，说大哥很想他们。

铭久

民国十四年八月九日

父母当然是不会埋怨铭久改名，他爹经过一段时间的琢磨也想通了，他不能老是想着把儿子束缚在身边，他属于更大的世界，他属于天空，就像志航这个名字一样。他忽然胡乱联想到为什么志航出生时，他家院子上头的天空中有雄鹰在盘旋，这似乎是一种注定。

第二天，赶不上过中秋节，志航就和其他 27 位同学告别了张学良将军，从上海码头出发，踏上了前往法国巴黎的邮轮。站在船头，迎着海风，志航对着大海喊道："我是高志航，法国我来了。"

第三节　留学法国　飞鹰在法国起飞

法国靠近地中海，是海洋性气候，夏天无酷暑，冬天没有严寒，气候适宜，是一个繁华又浪漫的国家。尤其是巴黎，更是一个浪漫之都。高志航他们换乘小船从塞纳河上经过时，岸两边的点点灯光和河水荡起的柔波把每一个年轻的面孔衬托得异常美好。中秋的月亮更是给巴黎披上了谜一般的色彩，志航包括船上每一个队员都想家了，想那在遥远东边的中国。

到达目的地之后，队长姚锡久把同行队员分成两队。一队18个人，将要到幕那拉航空学校学习。另一队10人，包括高志航在内，他们被分配到高德隆民航学校。在所有队员中，高志航的年纪是最小的。

等一切安排妥当之后，队员们就要投入到紧张而激烈的训练中了。之前那挥之不去想家的情绪，也被大家远远抛在脑后。跟练武一样，想学成绝世武功，就必须从最基本的蹲马步学起。对于志航来说，目前他的年纪最轻，也最没有经验，之前在炮兵连掌握的那套熟练的军事技术，拿到这里根本不管用。和专家比较，在航空上他还是个"小毛猴"，如何修炼成"齐天大圣"，还得经过无数次考验。

高德隆航空学校是当时世界一流的民航学校，这里诞生过一批顶尖级别的飞行员，很多成为第一次世界大战的英雄，创造了无数次以少胜多的空战传奇。他们是巴黎的骄傲，更是高志航学习的榜样，每当志航遇见困难时，他就把这些英雄当作激励自己前行的动力。

在同去战友许力文看来，高志航简直就是个疯子，他们是用心学，高志航是在玩命学。许力文和高志航一起进食堂吃饭，

抗日英雄小故事

他见高志航用叉子叉着一块面包，口中念念有词，似乎说的是飞机要以多大速度助跑，在多少米的地方起飞等。见他一遍遍演练，许力文按住他的手："好好的面包，让你整成啥样了？"高志航白了他一眼："你懂什么？"接着他又继续。许力文端着盘子走到另一桌上说："疯了，这家伙。"大家都看着高志航，有的笑，有的摇头，高志航对飞机着魔了，他才不在意大家的眼光呢。

皇天不负有心人，经过一年的学习，高志航已经掌握了熟练的飞行基本功，他以优异的成绩领先于其他 9 个队员提前毕业。外国教官用蹩脚的中文形容高志航天生就是一只鹰，而且是一只拼命的老鹰。同行的其他人给了他另一个称号"高德隆"，也就是冠军的意思，直到回国后，大家都还这么叫他。

提前拿到毕业证的那天，高志航对着证书吻了一下："终于拿到你了，太好了。"许力文凑到高志航耳边说："你小子，真行啊，没给咱中国人丢脸。"顺手抚摸一下大红底子的证书，加了一句："哎，告诉我，开好飞机的秘诀是什么？"

高志航把证书揣在军大衣的兜里，"作为兄弟，我就告诉你秘诀。其实很简单，就是要玩得起。说真的，还挺喜欢你叫我疯子的"。然后给了许力文一掌，"加油吧，我们可是中国的第一代空军"。

许力文被推得稍微往后退了一步，忽然想起什么："志航，你现在基本功练得相当不错了，下一步就要选择专科针对某一项做专门的训练，你准备选什么科？"

"多谢你的提醒，这是我最近一直思考的问题。我也希望今后选择专科时，兄弟我们还是在同一条战线上。"志航回答。

剩下的日子，高志航翻遍了几乎所有的军事杂志和报纸，向很多军事专家打听，结合他敏锐的判断力，最终他决定选择驱逐飞行专科。当时的飞行专科有轰炸飞行、侦察飞行和驱逐飞行专科。这三科中，最难的就是驱逐飞行，不仅要懂攻击战略，而且还要掌握各种飞行特技，遇见不好的天气和恶劣的地形，更要有胆识和高超的技巧才能灵活应对。目前，中国最需要的也是驱逐飞行专科，在今后的空战中，它将是发挥效能最高的一种。

没多久，高志航进入法国马赛附近的尹思特陆军航空学校。理所当然，他选择了驱逐科，师从著名飞行员包庇斯将军。包庇斯是从第一次世界大战的硝烟中爬出来的英雄，他开始也质疑这个年轻的小伙子为什么专门自找麻烦，捡最难应付的事情做，更何况他还来自空军刚起步的中国。但包庇斯教官对所有学生都一视同仁，加之他见识了高志航娴熟的基本功和敢闯的胆识后，对这个黄皮肤、黑眼睛的中国学生爱护有加。

接下来更是高强度的训练，有贴地飞行、倒飞、旋转飞行，还要在地势险峻的山谷间飞行，根据天气、磁场控制好速度与力度。特别是遇见雷雨天的训练，志航觉得又紧张又刺激。最难的莫过于空中投靶，要在几千米的高空，命中地面微小的目标可不是件轻松的事，而包庇斯教官却让他们的命中率需达到百分之九十。但是在蓝天上，志航总感觉有时候不是得心应手，差一点儿什么似的，他也不知道差的这东西到底是什么。明明他经历了魔鬼式的训练，为什么还是不能尽善尽美。

一天，高志航降落好飞机，从机舱里跳出来。他闷闷不乐，因为今天的投靶命中率还不到百分之七十，旋转飞的时候他还差点儿栽倒在地面。他一个人拖着疲惫的身躯，走到机场的角

落，连许力文叫他吃饭他都没应。他点燃一支烟，满头都是乌云。包庇斯教官走到他身边，悄悄坐下，关切问道："怎么了？饭也不吃，还没精打采的。"

高志航掐灭烟头，对教官说："为什么飞行的状况时好时坏，我常感觉不是我驾驭飞机，而是飞机驾驭我。"

听完，包庇斯大笑起来："你是第一个问我这个问题的人，我以前也有过同样的想法。你可以尝试着想象你与飞机是一体的，它的机翼就是你的翅膀，而发射器就是你攻击敌人的拳头。"

高志航突然明白了，当他再一次驾驶着战机在蓝天上翱翔时，无论哪一种高难度的动作都能得心应手了。他嗖地直冲天边，忽然转身，再一路旋转着飞奔地面，低低飞行又忽地飞上云霄，再隐藏在云里攻击地面目标，靶靶都达到将近完美的状态。

抗日英雄
小故事

第三章　飞鹰学成荣归

第一节　荣归故里　收获异域爱情

新的一年开始了，20岁的高志航和其他空军学员就要踏上回国的路。对他们来说，这是个盛大的节日，那种愉悦的心情是无法言语的。每一个学员都怀揣良好的成绩回来，尤其是高志航。

临走的时候，包庇斯教官与他拥抱，教官无不遗憾地说："要是我们法国有你这样优秀的学生就好了，但是张学良少帅培养你们相当不容易，我也不敢妄自让你留下来。"

高志航把他拥抱得更紧了："老师，今后有机会我一定会来法国看望您。我高志航这辈子最感谢的人之一就是您了。"

"说感谢就见外了，最重要的是你的努力，"包庇斯感慨道，"年轻人，记住回国后好好报效国家。"

飞机就要起飞了，高志航笔直站着，庄重地给包庇斯敬了个军礼才踏进机舱。一声呼啸，飞机开始缓缓启动，不需要经过多少时日，高志航他们就要见到日思梦想的祖国了。

张学良带着他的部队早就等候在了奉天机场上，他不时拿望远镜看有没有法国标志的飞机从遥远的天边飞来，上面有他精心培养的中国第一代空军精英。

时值一月底，东北原野上还披着厚厚的白雪，虽然大家耳根子都冻红了，厚鹿皮靴子也抵挡不住寒冷，但是大家的兴致都很高。张学良想，有了这批优秀的战士，他就相当于如虎添翼了。前些日子日本方面还派代表与张学良言谈，并暗示日方在航空作战方面如何处于世界一流水平，而中国的空军还只是一只幼虎，交战起来无异于以卵击石。日方给张学良施加了很大的压力，他很想给日本一点颜色瞧瞧。

将近中午，只听见轰隆隆的声音从远方传来，离奉天机场越来越近。不一会儿大家就看清了飞机上印着法国红白蓝三色国旗的标志，大家挥手欢呼。"太好了！"张学良拍了一下骑着的马。

下飞机后，张学良跳下马，迎上去与每一个人握手言谈。轮到高志航，高志航抢先上去给张学良行了个军礼："少帅好！"张学良上下打量了一番高志航，重重地在他胸膛上捶了一下，"几年不见又长结实了，我听你们队长姚锡久说你在尹思特陆军航空学校时，每门成绩全是 5A，据我所知还没有一个亚洲人做到，不错嘛！"

高志航见张学良如此夸奖，稍微有些局促："要不是少帅的厚爱，哪有志航的今天。"但心里还是高兴的。

张学良接着说："可不要高兴太早，本少帅可要安排重要任务给你的，也可能就是明天，今天都说不准。"

"高志航随时听取少帅的差遣。"

张学良听了很高兴，中国空军有希望了。

待高志航安顿下来后，他立马去看大鹏。走到大杂院门口，就见大鹏忙着往家里搬东西。高志航脱下手套，就走过去帮忙。大鹏愣了一下："哟，瞧瞧谁来了，快把东西放下。""和你一起长大的老哥们儿，来看你来了。"高志航微笑着说。

大鹏见高志航皮带、军靴、大盖帽的，不禁叹道："喝过洋墨水儿的人就是不一样，看这架势，这派头，走在路上，奉天的恶霸，漠河的土匪都得敬三分。"志航笑着应他："瞧你说的，那你要是看见我们少帅，是不是也觉得老天爷也忌他三分。"

"你那少帅待你们不薄，听说只有南京派来的重要代表才有资格让他到机场迎接。"

"可不是吗，改变我命运的关键人物就是他。我想好了，不出差池，一辈子就献给咱东北军了。"高志航拍了拍粘在身上的灰尘说。

但是，没过多久，高志航为了不让父母伤心，他还是达成了父母的心愿，娶了同村的邵姓女子为妻。然而，婚后因为两人思想观念差距太大，夫妻关系并不好。不久，妻子抑郁自杀。这个婚姻以悲剧落幕。

之后，高志航全身心投入空军训练中。一天，高志航准备

抗日英雄

高志航

到万寿寺街上去溜达溜达，沈阳每年的变化都很大，尤其是走在街上看见外国人的面孔比以前增多了，穿和服的日本人更不在少数。在一个山货摊前面，志航见到一个金头发、蓝眼睛的高个子姑娘在和摊主说话。金头发姑娘中文不怎么好，给摊主比画着表达她的意思。摊主一头雾水，也比画着回答，又不时摇头，但姑娘满脸还是不解。高志航见摊主抓耳挠腮有点着急了，他走过去想帮着解围。

他料定这姑娘是个俄国人，东北和俄国接壤，常有很多俄国人来中国做生意或是探亲访友。他用俄语问这姑娘怎么回事，姑娘说她想到一个地方去参加舞会，可她来中国不久，对这一带不熟，不知道怎么走。他告诉了姑娘路线，他一口流利的俄

抗日英雄
小故事

语让这姑娘很是惊讶。她问他是不是在俄国生活过，高志航说没有，他只是在教会学校读书时才学会的，不过他留学法国，在那儿生活过两年。

"法国？"姑娘睁大了眼睛，"那可是个浪漫的城市，尤其是巴黎，是世界花都，我也在巴黎生活过。"

于是两人又改用法语交谈，摊主见这么短的时间连着换了好多个口音，更是迷茫。高志航见他不解，对他说了声："谢啦老哥。"然后决定开车送姑娘，姑娘很爽朗地答应了。

走到目的地，姑娘邀请高志航也一同参加舞会，她说只是很小、很普通的一个聚会不用担心。但高志航说他还是先回队，车快开动了，在"突突突"的汽车马达发动声音中，他大声问姑娘："喂，你叫什么名字？"

姑娘也高声回答："我叫加利娅，你呢？"

"我叫高志航，是东北空军飞鹰队的。"

高志航当时也没想到，后来加利娅成了他生命中最重要的人之一。

第二节　智斗土匪　打没有硝烟的战争

高志航回到飞鹰队，还没有下车，只见一个勤务兵向他跑过来，他告诉志航，少帅找他有紧要的事情，就在大厅等他。

高志航跳下车就直奔大厅。

看见高志航进来后张学良就说："这次我要交给你一项重大的任务。"高志航一下子挺直了脊背随时准备待命。张学良接着说："我东北军自改旗易帜投效南京国民政府以来，军阀之间的争斗不再像易帜以前激烈了，南京政府基本上实现了统一。但是你留学法国以来，我东北边陲有一个叫漠河的地方，那里的悍匪时常滋扰生事还挑衅政府，所以我准备派遣你到漠河去收拾一下他们。"

志航听后说："据我所知，漠河的情势很复杂，不仅有土匪，还有日寇，日本已经在那边修水电站了。漠河自然资源丰富，盛产黄金，肯定是日本眼中的一块肥肉。剿匪加上日本的掺和，就不再简单了。"

"我也是考虑到情况的复杂性，所以就派你过去处理，顺便试试你这个刚留学回来的人的'火力'。"

志航笑着回答："您放心，'火力'应该和您想象中的一样。"

张学良最后说："有你这句话，我大可放心。另外我派了许力文当你的搭档，准备好了就出发。"

当天晚上高志航找到了加利娅，两人在茶馆里说了很多话。从文学到音乐，从法国到中国，从各自的过去说到现在，两人很有默契。高志航得知加利娅还是俄国贵族的后代，俄国政治动荡，加利娅的家族也随之没落了。不知不觉就夜深了，高志航开车送加利娅回家，她住在南关路，一路上两人用法语唱起了《国际歌》。最后高志航才说第二天他要到漠河剿匪。

第二天，高志航、许力文一行准备出发，车快开动时，他们从反光镜里看见加利娅抱着什么东西一路飞奔过来。走近一看才知道加利娅抱着一件皮大衣，她气喘吁吁地说："听说漠河天寒地冻，最冷的时候有零下40℃，你带上这件衣服，会用得着的。"高志航接过衣服说："不用担心，有你这件衣服哪怕那边是冰窟窿都不怕了。"他满眼都是感激。许力文见二人的神情，自知他们的情义所在，也不便多说，只在一边讪讪地笑。车扬起灰尘就开走了，高志航从车窗中探出头，做了个胜利的手势，对加利娅说："等我胜利回来。"

到了漠河，天气果然比奉天冷得多。高志航和许力文首先向当地人和政府打听土匪情况，并了解漠河的地理位置。得知当地最彪悍的土匪叫赵飞虎，人称赵阎王，盘踞在兴安岭一代，其他的土匪则分散在漠河各地。高志航决定他要直捣黄龙，先把最大的土匪窝端了，剩下的则一一摆平。

晚上高志航和许力文从县长家回来，准备回住的地方去。高志航明显感觉到背后有人鬼鬼祟祟跟着。等他们走进一条小胡同，高志航突然拔出枪，往后面开了一枪，那人迅疾就躲了起来。接着三个壮汉从黑暗里冒了出来，志航的枪立马指向他们，只听其中一个人说："你是高志航吧，有种就放下家伙来单挑。"

"我长这么大还没怕过谁，放下就放下"，志航丢掉枪，

抗日英雄
小故事

还没等那人反应过来，就是一个漂亮的横踢，重重踢在他脖子上。接着就是两个人的轮番厮杀，那人虽然勇猛但没有决斗技巧，志航是经过专门训练的，每一拳、每一脚都直中要害。几个回合就把那人制服了，这才知道他就是赵飞虎。

志航突然放开他："你就是赵阎王？原来你也只是这个熊样。"他让赵飞虎携部下离开了，许力文不解，志航笑着说："这叫欲擒故纵。"

在漠河期间，许力文见志航迟迟不对赵阎王开火，他着急地说："再按兵不动，枪都要生锈了，回去晚了你那加利娅恐怕要嫁给别人了。"志航说不急，他打算不动家伙就把赵阎王收了。

一天，高志航听漠河人说赵飞虎被日本宪兵抓起来了，投进了监牢，原因是他潜入日本的大本营企图盗窃枪支火炮，百密无一疏的计划却让二当家的不小心破坏了，赵飞虎也因此被关了起来。志航听后捶了下桌子："太好了，机会来了。"

高志航紧锣密鼓地筹谋起来，他以张学良的名义打通各路关系，还托张学良专门发了封电报过来，对日方提出要求释放赵飞虎。日本当时还有所顾忌，加之高志航的极力游说，终于答应放了赵飞虎。

临走时，高志航对赵飞虎说："先放你回兴安岭，在山上好好思考，目前我给你两条路，一、归顺我东北军，效命张少帅。二、等着我开战机去端你老巢。"就这样他再次放走了赵飞虎，他觉得赵飞虎虽挑衅官府，但还没有真正滋扰百姓，算是个义匪，今后可能对抗日有用。

没过几天高志航和许力文果然把大部队开到了赵飞虎的地盘，一边托许力文去说服，一边扬言要进攻。经过几天的协商，在恩威并用下，赵飞虎决定投降，他记得他还欠高志航两份人情。赵飞虎决定帮高志航收服漠河其他各路土匪，最后他对高志航说："现在我们归顺了中央，不是土匪，以前土匪是我们的'营业执照'，你撕了我们招牌，我们今后怎么混饭吃啊？"高志航自信地说："有东北军在，就不怕你们没饭吃，只要你们今后不再与政府作对。""一定一定。"赵飞虎连声回答。

第三节　拔刀相助　日本人落荒而逃

这次漠河剿匪没有令张学良失去一兵一卒，高志航打了一场漂亮的没有硝烟的战争。回奉天后张学良任命他为飞鹰队队长，另外赏他十万大洋。

高志航一下就在奉天立了威并声名远扬，大家都在谈论这个才二十出头的空军小伙，连在通化三棵榆树村的老家都知道了这一消息。高志航的父亲走在村里，发现别人看他的眼光更是与众不同，大鹏的爹逢人就说："没想到我们这个穷旮旯还出了铭久这号人物，太给我们脸上增光了。"

有一次高志航执行完任务从春日町路回来，难得天气不错，云朵被风吹成了一丝一缕的细条状，大街上行人与车马来来往往，好不热闹，高志航故意放慢脚步来欣赏这难能可贵的和平。上次和少帅谈话时，他们都感觉到这和平即将被打破，一想到这里，心里就沉闷了起来。

志航经过一间茶铺时，只见一个穿着和服的日本中年男子大摇大摆地从茶铺里间走出来。不一会儿一个伙计跑了出来，他跟在日本男人身后，追到他面前站定了说："这位客官你还没有付茶水的钱呢。"

日本人瞪了瞪眼睛，做了副惊讶的样子："是吗？没付钱？你哪只眼睛看见我没付钱？"

"账本儿上记得清清楚楚，你点了我们铺里最上等的西湖龙井，算上茶点一共是一个大洋。"伙计挥舞一下账本儿说。

"才一壶破龙井就值一个大洋？我看这龙井用你们中国人的话说就是比马尿还难喝，"日本人啐了一口，接着说，"你可知道我是谁？我是效命于大日本天皇的空军，这春日町路没过多久就将属于我们日本，别说你这间小茶铺了。"

说完一把推开拦在前面的伙计，伙计一下就被他推倒在地，他气呼呼地说："别挡我道路，让开！"伙计爬起来继续追上去，日本人突然拔出手里的军刀："你敢再上前一步试试？"

高志航见状，一个箭步冲上去护着伙计："你是哪门子的皇军？敢在我东北军的地盘上撒野，信不信我这一枪准可以在你心口掏个大窟窿，顺便看看你们日本人的心是不是和传说中的一样臭。"周围已经围上了一群中国人，大家举起拳头做打倒状："打死他，打死他，让他付钱。"

日本人气昏了头，骂了一句脏话，举着刀就想要朝志航砍去。志航见状不妙，立马举起手枪就势打在刀背上，刀断成了两截，一截还握在日本人手中。高志航骂道："老子的枪随时都会走火，打你还浪费了子弹，看看是你的刀快还是老子的枪管用。"接着走上去，用枪指着日本人说："再僵持下去我不想看你装孙子，快给这伙计把钱付了，赶紧的。咱奉天人都知道我高志航的脾气，我是说一不二的。"

日本人见围拢的人越来越多，几辆印有飞鹰队标志的车也停了下来，志航的战友纷纷跳下车跑过来，许力文问他："怎么了，志航？"志航扬了扬枪："讨账呗。"日本人见寡不敌众，又没有带手枪，只得不情愿地从身上摸出一块银元，扔到伙计的怀里。高志航又说："态度好点，不要装勉强，感觉是这小兄弟欠你似的。原来你们日本人是这样讲礼仪的。"

接过钱，茶铺伙计把它对准嘴吹了一下，然后放在耳边听：

"是真的，谢谢高队长，"他瞪了日本人一眼，"记住这是东北军的地儿，不是闹着玩儿的。"

高志航对那日本人说："还不快滚。"人们起哄道："滚，滚，滚。"日本人就灰溜溜地拨开人群走了，走了一段他似乎想起了什么，掉转过身没好气地对高志航说："飞鹰队的高志航，你给我记住，我会找你算账的。"高志航回答道："随时奉陪，有种就留下姓名。""本人赤井。"日本人说。

还没等赤井走远，人们就向高志航竖起了大拇指，周围一片啧啧的称赞声。从上次的斗土匪，到这次路过茶铺的拔刀相助，高志航可真的一下成了奉天的风云人物，算是一个狠角色了，但这算什么，高志航的志向可不只在这个水平线上。他想的就是等哪天战争爆发时，他第一个就会请求少帅派遣他到前线，在空中与敌人搏斗。那日本人不是叫什么赤井吗？再来多少个"井"都不怕，把他们都统统赶出关外。

之后高志航在大街上也遇见过几次赤井，仇人相见分外眼红，看见高志航一走近，赤井大喝一声，"高志航你给我站住"，每次他都想要有所举动的时候，都被身边另一个更老的日本军官止制住，然后对他耳语一阵。耳语完后，赤井只能愤愤然看两眼高志航，不敢再有所造次。从他的眼睛里，高志航还是看出了不可压抑的怒火。高志航才不会有所畏惧，他冷笑一下，然后学法国人做个无可奈何的神情就坦荡荡地离开了。

加利娅看在眼里却记在心里，她问志航："你不觉得很有蹊跷吗？尤其是那个老日本军官看你的眼神，我总觉得怪怪的。"高志航摸了一下加利娅的头大大咧咧地说："我觉得还好，没有什么奇怪的。不要多想了，万一天塌下来不是有我顶着吗？"加利娅倒是希望不要出什么岔子，因为他们正在筹备婚礼，加利娅只想志航安全就好。

第四节　拒绝招安　志在报效国家

加利娅和高志航的婚期将近，在旁人看来，他们是一对神仙眷侣。加利娅出身贵族，从小就知书达理，会弹钢琴、会跳舞。每次高志航家里来了战友，大家兴致正好时她就弹琴助兴。从高加索的民谣到法国的浪漫舞曲，再到中国的革命歌曲全弹了个遍，志航的朋友都很喜欢这个性格开朗的姑娘。

高志航把他爹娘接到奉天住上一段时间，当他们婚礼的见证人。刚开始高焕章非常反对这门亲事，在他看来这不叫浪漫，简直就是荒唐，他不敢想象整天面对着一个金头发、蓝眼睛的儿媳妇，这分明跟我们中国人距离太大。但最后他见加利娅一点儿都不高傲，对他们二老孝顺，关键是对志航百般体贴，也就同意了。望着来来往往搬家具布置新房的人，老两口心里乐呵呵的，别提多美了。

就在结婚前几天的一个晌午，大鹏来到高志航的家，见他脸色不好，志航问他："咋了，你有什么事？"大鹏叹口气再从袖口里掏出一封信："给你，今天我守摊的时候，一个日本人走过来交给我这个，让我把它交给你，还塞给我几张钞票。"

加利娅凑过来看看信对大鹏说："他是不是身穿军服，不是很年轻，大概有这么高。"边说边比画。大鹏连声回答："就是他，就是他。"

加利娅看了一眼志航："果然被我说中了，和赤井在一起的那日本军官心里肯定有鬼。"

志航没作声，他打开信，只见信里写道：

高志航君：

你肯打开这封信就证明你能够把我当成朋友，其实我们之前已经碰过几次面。我知道赤井对你态度不友好，但这不会影响我们之间的友谊。我还知道你刚荣升为飞鹰队的队长，用中国俗语说就是年轻有为，我最喜欢和你这样的年轻人打交道。所以我特意邀请你明天上午到春日町茶铺一叙，不知道你能否亲临？

山本

为了探清山本的意图，志航决定亲自到春日町茶铺走一趟。

第二天吃过早餐，高志航就匆匆开车到春日町路。走进事先约定好的地点，高志航在门口停顿了一会儿就进去了。春日町茶铺的小伙计一眼瞥见了高志航，扔下手中的活就向高志航走来。他对老板说："给您介绍一下，这位客官就是上次拔刀相助的好汉。"老板立马伸出双手说："幸会幸会，多谢有您这样的贵人帮助啊。"高志航说："举手之劳而已，用不着这样客气，"他扭头对伙计说，"该干嘛干嘛去。"接着他说明了来由，老板把他领进了最里面的包厢。

见志航准时应约，山本喜出望外从座位上站起来。待志航入座后，他给志航倒上一杯茶才开口说："果然言而有信，我等了你很久，还以为你不会来了。"

志航不以为然："我是按信上的时间来的，应该是山本将军来早了一点儿吧。"

"听说你的老家在通化，父亲信教，十三岁就进中法学校读书，能说一口流利的法文。后来从军，得到张学良的赏识，在法国留学，你主修驱逐机科，以优异成绩毕业，上次漠河剿匪让你扬名奉天，年纪轻轻就当上了飞鹰队队长。"

听山本一口气把自己的经历说出来，高志航想他果然对自己的来历下了功夫研究。山本此时只和志航谈飞机，他对志航的回答很满意，说他们很多见解非常一致。谈话间他感觉和志航的关系拉近了，他为志航把茶续上，叹口气说："我们皇军最缺的就是你这样的人才了，有勇气、够胆识。"此时，志航已经明白了山本的来意。

山本接着说："我已经想好了，希望你能够来我们部队，任命你为总司令，位置在我一人之下，另外给你三百万大洋……"还没等山本说完，志航打断他："我看山本将军是想做交易吧，可我高志航脑子是一根筋，我宁愿在条件差的地方饿死，也不愿挪一个窝。我只认我们中国这个主，将来什么都会给它。"

"每年再额外给你一百万大洋的军饷。"

志航咬着字坚定地说："告诉你，我——没——兴——趣。"说完就拂袖离开了，留山本一个人在那，气得脸通红。

结婚那天，高志航家里来了很多客人，喝酒的喝酒，猜拳的猜拳，吹牛的吹牛，里里外外都是热闹的气氛，大家举杯庆祝这段异国情缘能够修成正果。婚礼的高潮，山本派人送来了一份昂贵的贺礼，高志航和加利娅打开箱子，加利娅的眼睛瞪圆了，她没想到一个泛泛之交居然出手这么阔绰。高志航把箱子合上，二话没说打发大鹏把箱子原封不动地给送回去。

山本看着退回来的贺礼，一把就把它掀倒在地上，骂道："混蛋，居然敢不收本将军的东西。"赤井也在一边煽风点火："高志航明摆着就是不给您面子，故意在大庭广众下让您难看。"

见自己的招安计划彻底失败，山本既气又遗憾，毕竟高志航的飞行技术和空中作战本事让他折服，他心里暗想这样的人才在东北军里留下来，对日本就是个威胁，但又无可奈何。

抗日英雄
小故事

第四章　飞鹰的第二次生命

第一节　飞鹰折翅　右腿不幸骨折

拒绝山本的招安后，高志航对飞行的训练更加专注。除了担任飞鹰队队长外，他还担任着东北航空学校的少校教官。他认为中国的飞行技术，尤其是空中作战实力还比较落后，要赶超日本还得下相当大的工夫，所以他认真给学生上课。每次空战演习，张学良看着自己的队伍越来越强大，都会给高志航以褒奖。

又是一次军事演习，高志航和队友们紧张准备着，他们把每一次演习都当成实战，力求精益求精。可这次演习却出了点小状况。一名新学员驾驶的一架飞机出现了故障，因为这架飞机是刚从国外进口的战机。高志航立马就下令对飞机进行检测，原来是操纵杆出问题了。经过几个小时的维修，操纵杆总算修好了。

高志航想亲自驾驶飞机再试飞一次，看其他部件有没有问题，平时他大大咧咧，可是对飞机却百般细心，不打一点儿马虎眼。加利娅每次都说志航对飞机的关爱超过对她的关爱，志航听后大笑起来："除了你，飞机是我的第一夫人。"

随着螺旋桨的转动，飞机启动了，一会儿就飞上了蓝天。

志航见飞机很平稳，一切都正常。于是他做个旋转飞的动作，这一动作再次使操纵杆失灵。见飞机如醉汉般开始不平稳，地下的人尤其是许力文他们的心提到了嗓子眼上。许力文用手挡住阳光，眯着眼紧张地注视着天空。

飞机越来越摇摆，高志航迅疾用迫降的方式把它降落。回地面后，飞机身后燃起一股黑烟，久久不见志航下来。许力文立马跑过去，只见志航已经晕倒在了机舱里，右腿让操纵杆反弹回来砸伤了，流血不止。许力文赶快叫了辆军车到离机场最近的南满医院治疗。加利娅得到消息后，也赶到了医院。

经过几个小时的治疗，高志航终于清醒过来。见床边围着一圈人，加利娅的眼睛红红的。他勉强给加利娅一个微笑："不要哭了，我不是还在吗？"许力文告诉他这是场意外，他已经向队里说明了情况，让他好好养伤，不会有事的。

几个星期后，医生通知高志航可以出院了。回到家高志航觉得分外温馨，加利娅一直认为高志航是上天派给她的，如果上次意外夺走的是高志航的生命，她不敢想象今后她将怎样过下去。她对志航的照料也格外细心，她学过护士，换药都亲自动手，每天都要熬鸡汤给志航喝，希望他早日康复。

令加利娅没想到的是，她精心的照顾不仅没能使志航的腿好起来，情况反而每况愈下。他不能像正常人一样走路，每夜疼痛令他无法入睡。他们到另一家医院检查，医生说由于治疗

抗日英雄

小故事

不力，伤口没有清理干净，里面留下了碎骨头，导致肌肉开始萎缩。

听到医生的话后，高志航紧张问道："那开飞机还行吗？"医生思考片刻，摇摇头说不行，劝他重新换个职业。要换职业，这不等于要志航的命吗？加利娅看见志航满脸都是绝望的神情，连他的手都变成冰凉的了，她难过极了，真想受伤的不是志航而是她。

回家没几天，许力文来看望高志航，他顺手提着一只大箱子。加利娅接过箱子，发现里面是钱，她困惑地看着许力文。许力文双手紧搓了几下，结巴着说："这是咱们大队长托我给你送来的。"他尽量压低着嗓子。尽管没有说明用意，高志航已经知道了这笔钱所代表的意思，因为只有飞鹰队的队员退伍时才会拿到这笔抚恤金。接过箱子也意味着高志航即将与天空告别，加利娅不知道如何是好了，因为没了飞机志航就等于没了灵魂，试想一个没有灵魂的人如同行尸走肉一样，他的生活还会有什么指望，生命还会有什么意义？

她见志航红着眼睛把箱子给许力文退了回去，一句话也不说，然后挂着拐杖走到窗户边，望着蓝天和几朵白云发呆。加利娅觉得志航和从前不一样了，以前他愤怒、生气会直接表现出来，而且不加任何掩饰。从高志航的沉默、无语中，加利娅感到了他从未遇见过的悲伤，为了不再打扰他，加利娅让许力文先回队里。

许力文走到门口，突然对站在窗户边的高志航说："队里其他人怎么看你我不管，我只记得你是我们的'高德隆'，我们历经那么多磨炼才从法国回来，而且正是报答少帅和报效祖国的时候，你却因为一场意外而这样消沉。我以前认识的那个不怕任何困难的疯子哪去了？你再这样下去，别说别人，就连我许力文都看不起你。"

高志航听见"高德隆"这个称号，心里更是笼罩上了一层忧伤，仿佛那只是一个影子一样，恍惚得像一个故事。他靠着窗子想了很久，他不知道离开飞行队到底还能做什么。蓝天就是他的家，而如今他无异于是折了翅膀的鹰。他就这么胡思乱想着，直到双脚再也支撑不住，加利娅见势就把他扶到床上休息。她相信高志航不会轻易放弃，一定会想出法子让一切变好的。

第二节　二次手术　重新燃起希望

看着高志航一日比一日消瘦的脸颊，听着他在梦里不断说着关于飞机的梦话，加利娅都记在心里。这段时间她跑遍了沈阳的各个医院，大到中外合办的医院，小至街边的普通诊所，她打听有没有使志航的腿康复的方法。但是结果总是不尽如人意，基本上每个医生的态度是一样的，表示他们无能为力。几天折腾下来，加利娅也瘦了一圈。

一天，加利娅如往常一样，在遭到医生的拒绝后准备回家。天色已晚，路过一家基督教堂，刚好教堂敲响了做晚祷的钟声，她也进去为志航做祈祷。

等众人都散尽了，她还站在上帝像前久久不肯离去。过了一会儿，只见一个神父模样的人朝她走来。神父关切地询问加利娅没有离去的原因，因为他看见了加利娅脸上的愁容。加利娅把高志航的情况以及她来做祈祷的原因一一告诉了神父。神父听后，叹了口气，接着他说他认识一位著名的犹太医生，在治疗骨伤方面很权威。他从衣兜里掏出一张纸片和笔，把医生所在医院的地址写下来之后便递给加利娅。加利娅接过纸片看，发现地址在哈尔滨，从奉天出发还要坐几天火车，但她却非常高兴，一下像换了个人似的，眼里的泪花在烛光里闪闪发光，只要有一丝希望她都不会放弃。给神父道谢之后，她一路小跑着回家，她要把这个消息告诉志航。

第二天清早，加利娅就扶着高志航踏上了前往哈尔滨的火车。透过车窗玻璃看着外面的田野和山川，加利娅一会儿就睡着了。虽然天空下起了雨，雨点一滴滴打在玻璃上，但高志航的心情是明朗的，他不再像以前那么悲观了。即便全世界都抛弃了他，但至少加利娅还在他身边，"你这段日子太辛苦了，谢谢你"，高志航看着熟睡之中的加利娅轻声说。他已经做好准备迎接手术，不管结果是好是坏，他都能够承受，因为他是战友心中的"高德隆"。

经过一路颠簸，终于见到了那位犹太医生，五十岁左右，戴着一副金边眼镜，态度很和蔼。他看过高志航拍的片子，仔细检查他腿部的伤，说他可以尝试一下，但要把腿打断后重新接骨，而且不能够使用麻药，以免影响术后恢复。听完后，加利娅惴惴不安地看着高志航，却见他没有半点犹豫就接受了医生的全部建议。他是军人，即便没有麻药他也能坚持住，因为今后他还要投入到战斗中去，将会遇见比没有麻药痛苦一万倍的事，所以他不怕。

几个小时的手术时间，加利娅一直等待在手术室外，她焦急地走来走去，一会儿站起来，一会儿又坐下，她担心志航在没有麻药的情况下不会坚持多久。可时间一分一秒过去了，她一直都没听见手术室传来任何声音，她更着急了。

终于，犹太老医生戴着口罩走出来，摘下口罩对加利娅说："夫人请放心，一切都顺利。"随即高志航被护士推了出来，准备送往病房休息。加利娅见他满头大汗，为了忍住疼痛，他紧握着拳头，指甲都深深嵌入掌心的肉里面了，还在流血。她忍不住哭了起来，她问志航是不是很痛，志航点点头，然后就闭上了眼睛。

加利娅比以前更加小心细致了，几个月后高志航终于康复，右腿不再疼痛，而且还能够自由弯曲，就是右腿要比左腿短一厘米，走起路来一高一低有点瘸。不管怎样高志航也算是获得一次新生了，他想只要他努力，再开飞机的理想就不会变成一个永远的梦。

高志航已经可以一个人自由上街走了，他依然穿着空军的服装，一瘸一拐的姿势并没有影响到他脸上的气宇轩昂。有时候会在路上遇见山本和赤井，山本心里别提有多高兴，他庆幸中国空军损失了一员大将，赤井故意说一些讽刺高志航的话。高志航没有正面和他们起冲突，但下定决心今后要给这些混蛋一点儿厉害瞧瞧，目前的问题在于如何使自己能重开飞机，他才没工夫和这些人计较。

要想开飞机首先是要解决两条腿不一样长的问题，他一日日琢磨。有次家里的书桌不稳了，加利娅找了一块木头把不稳的一只脚垫上，之后书桌又稳稳地站在那里了。高志航突然灵光一现，他不是跟不稳定的书桌一样吗？要是右脚也能垫一块东西，这样走路就不会一瘸一拐了。

他想到了会做手艺的大鹏，大鹏说这是个好点子。按照志航的脚样，大鹏做了一块厚约一厘米的脚后跟垫，塞在志航的军靴里。重新穿上鞋子后，奇迹发生了，两条腿变得一样长，而且走路很稳定，不再摇摆，就跟正常人没有差别。高志航一口气围着大鹏和他身旁的一大堆杂七杂八的工具走了几十圈，像个孩子似的，他很高兴一下就跳起了在法国学的民族舞——康康舞。大鹏说："瞧你那样子，别嘚瑟了，赶紧回家吧。"高志航说："这真是个好消息，我得快点回去告诉加利娅。"

第三节　另类称呼　高瘸子飞行员

穿上带有后跟的特制鞋，等到自己的左右腿已经完全调整至和谐后，高志航立马就去找许力文。在许力文的帮助下，高志航开始秘密偷练开飞机，因为大队长还没有下达让高志航回飞鹰队的命令，所以志航不能公开练习飞行。

虽然是秘密练习，但一切对志航来说都是那么亲切，飞机上的每一个零部件就跟自己身上每一个器官一样熟悉，闭上眼睛都知道该怎么操纵。只不过空中投靶已经很久都没有练习，命中率不如从前一样高，志航还需要多加训练。一段时间过后，当许力文称赞高志航已经和在法国留学时一样厉害，他又变成许力文心中的高疯子、高德隆，这时高志航决定向大队长提出归队的申请。

让高志航没有想到的是，大队长一口就否决了他的申请，原因是飞行队是不招收腿有毛病的队员。不管高志航怎样为自己辩解，大队长都不肯有半点动摇。许力文也帮着志航说话，他们连着向大队长发出了三次申请，都被他拒绝了，大队长脸色不好地说："告诉你们，不要再做无用功了，我说不行就不行，谁也别想指望。"最后挥挥手，干脆让警卫员把他们赶了出去。

走出来后，许力文啐了一口痰，骂了一句："什么破规矩，我们这么诚心都看不见，拿我们当猴耍。"高志航深吸一口气，缓缓吐出来说："也难怪他态度不好，像我们才二十岁就当上了飞鹰队队长，谁见了眼都会红，可我偏就不信这个邪，谁说的腿有问题就当不了飞行员。还记得我们在法国留学时，有个教官告诉我们第一次世界大战中有位空军英雄，他不也是个瘸子吗？"现在说到"瘸"这个字，高志航是自然而然，没有半点忌讳，他已经坦然接受了身体的不完美。

最后高志航找到张学良将军，就像当年他出国留学时一样，他想再赌一把，他相信命运就掌握在有勇气的人手中。

再一次看见张学良时，他正在训练一匹烈马。高志航说明了来意，他上下打量了几番高志航："我见你的脚没问题啊，好好的就跟正常人一样。"高志航说他的鞋是特制的鞋，说罢脱掉鞋子，果然里面有一只垫子。张学良见他没有撒谎，就说："在试你的技术之前，我要先试一下你的胆子，看你还是不是以前的高志航。"说罢指着那匹烈马："这是一个朋友从西域给我送来的，性子比中原和北方的马

抗日英雄
高志航

都烈，我和我的部下怎么都不能把它驯服，到现在都没一个人敢上它的背，你敢骑上去吗？"

高志航没有半点畏惧，踩着马鞍，一个箭步就跨上了马背，用力紧握缰绳，踢了一下马，它就腾空跃起来，发着刺破耳膜的叫声，一连跃了几次，差点儿把高志航摔下来。高志航用皮鞭抽打着马，它流星般向前奔腾。几个回合下来，马已经听高志航的命令了，周围的人看得目瞪口呆。等马缓缓停下来，高志航跳下来。张学良说："好小子，再试试你的飞行技术。"

他们来到飞机场，高志航挑选了一架新进口的霍克–3战斗机。他娴熟地把霍克–3开上蓝天，然后一连做了很多个高难度的特技飞行动作，地面上靶子的命中率又高达了百分之九十，和以前的水准一样。下飞机后，高志航给张学良敬了个礼，大声说："报告将军，请您相信瘸子也是可以打仗的。"张学良点点头，告诉他飞鹰队随时欢迎他回家，他继续担任飞鹰队的队长，还要给航校上课。张学良责怪了大队长，说他差点儿又失去一名战将，这后果是任何人都担负不起的。

见高志航开着飞鹰队的车停在自家门口，加利娅得知他已经回队了。她去买酒买肉，做了一大桌丰盛的晚餐，叫上许力文、大鹏还有其他朋友，他们轮番举杯向志航庆祝他的重生。家里热闹了一整晚，他们好久都没有这样高兴过了。

回到飞鹰队，高志航的内心才安定下来。他把所有精力都投入到工作中，又要上课又要演习，有时会到深夜才回家，第二天还得早起，最忙的时候连加利娅做的饭都来不及吃一顿。许力文告诉他不要那么拼命，该休息就休息，每次听见许力文的唠叨他都当成耳边风。他庆幸自己还能回飞鹰队，累是不值一提的事情。

高志航在航校上课，每一堂课都很精彩，从飞机构造到实战练习再到空中战斗技术，每一样他都信手拈来，赢得了学生的尊重。有时候上课和学生谈得高兴时，学生好奇地问他有关他腿的故事，还专门提到他的特制鞋。高志航向他们讲述时，也不避讳脱下鞋让学生看。有笑的、有感叹的，但大家都很佩服他，所以私下里学生给高志航又起了个外号叫"高瘸子飞行员"。加利娅听说后，紧皱眉头说难听死了，一点儿都不浪漫。高志航安慰她："你在中国见过瘸子飞行员吗？"加利娅摇摇头，高志航微笑着说："所以我才是改写航空历史的第一人，瘸子还能当飞行员，厉害吧？"听完志航的话，加利娅才勉强能接受。

第五章 飞鹰南下报国

第一节 死里逃生 只得南下报国

1931 年 9 月 18 日，日本密谋发生一场政变，他们首先是炸毁沈阳柳条湖附近由他们自己修的南满铁路，然后把罪名嫁祸给中国军队，还没等到中国政府调查清楚情况，接着他们就对中国发动了进攻，这就是震惊中外的"九一八"事变。

得知日本突然侵犯中国的消息时，高志航正在给学生上课，他一下把手中的粉笔扔在地上，狠狠拍了一下讲台说：

"同学们，你们可看见了，这就是日本赤裸裸的野心，什么柳条湖事件。"他让一个学生站起来："你见过我们东北军派出一个人去炸铁路了吗？"学生摇摇头说："没有。"他又让另一个学生回答："前段时间你听见了我们要与日本冲突的风声了吗？"这个学生也高声说："没有。""我们自己都不知道要炸铁路的消息，他日本人凭什么知道是我们干的，这算哪门子的事。"高志航气愤说到，"听着，在座所有学生和我飞鹰队的成员，如果是条汉子的话，就跟我一起找日本人算账，还我东北军一个清白。"

说到就做到，高志航带着所有的人回到训练场地，他们检查过武器、战机、军车之后，准备出发了，每一个人的脸上都没有半点畏惧的神情。在飞机和汽车的轰鸣中，飞鹰队大队长突然带着一群端着枪的士兵赶到现场，他不断吹口哨、摇旗让大部队停下来，他掏出一份电报大声喊道："这是从南京发来的电报，中央命令东北军按兵不动，视时机再发动反攻，谁要是不顾命令擅自抵抗，格杀勿论。"

这等于是一个晴天霹雳，战士心中的火让一道不抵抗的命令浇灭了。瞬间的安静之后，就是大骚动，由高志航领队，大家决定硬闯出去和日本人决一死战，顿时呼喊声、机车发动声混成一片，压抑不住的是战士心中的怒火。

见场面到了将近无法控制的状态，大队长对着天空连发几

抗日英雄
高志航

枪，才稍微使得人群安静下来。他用一挺机枪指着高志航说：
"要是敢违抗上头的命令，第一个解决的是你。"高志航狠狠地把自己的枪扔在地上，愤怒地看了大队长一眼，就离开训练场去找张学良。到了张学良那里，而张学良也是满脸愁容，表示无可奈何。

晚上，高志航一个人没精打采地走在大街上，已是夜深，大街上空无一人。九月的沈阳开始进入秋季，夏天的热浪已经退去，吹着微凉的风。高志航双手环抱住，此时更冷的是他的心，从中法学校毕业后，他就决定从军，到后来进航空学校，想尽办法去法国学习飞行技术，然后用一股疯劲完成学业，等待的就是报国那天的到来，可到如今真是世事难料，他无法理解为什么一个大中国要被区区日本欺负。

往事如放电影一样从他眼前掠过，他抬头看了下天上的月亮，没有星星的天空，月亮显得格外皎洁，把他的勋章照得闪闪发光，上面东北军的图案都清晰可见。

他就一个人漫无目的地走着，心情糟糕到了极点，此刻他不想被任何人打扰。绕过一间大宅院，高志航见前面是一小丛树林，他停止了脚步。突然从树林里跳出几个蒙着面的人，他们的刀在月亮下寒光闪闪，眼睛如狼一样放光。他觉察到了危险，一摸枪才想起刚才在大队长面前把枪扔了，他只能赤手空拳和蒙面人搏斗。一进一退间，高志航发现他们的打法与中国人不一样，他想到了以前在春日町茶铺前遇见的赤井，暗自断定这几个蒙面人就是日本人。推测的时候，高志航一分神差点儿让其中一把刀伤到，还好只割破了衣服，他后退几步，准备进攻。搏斗了一会儿，高志航逐渐处于劣势，毕竟寡不敌众。

正在危急关头，许力文赶了过来，拔出手枪对蒙面人连发几枪。其中两个被打中，当场就绝了气，另外一个受了伤逃进树林不见了。揭开面纱，果然是日本人。许力文抱怨志航在危急的关头没带枪走夜路，因为他是山本的眼中钉，而这次高志航差一点儿就带动部队与日本人交上锋，许力文告诉高志航他目前的处境非常危险，要随时留意。

果然接下来的几天，高志航都遇见了危险，但都虎口脱险了。几次除掉高志航的计划都没有成功，山本暴跳如雷，他不相信这个中国人长了三头六臂，决定加大人手对付高志航，因为日本全面侵华战争马上就要爆发，这个在法国留过学的优秀空军让他很恐惧。

发现事情到了无法挽回的余地，高志航决定南下，一来可以避避风头，二来可以再谋求报国机会。决定之后，他把妻子送回三棵榆树村老家，此时加利娅刚生完孩子不便和他逃难，临走的时候，加利娅哭红了眼睛，她担心志航一去不回。志航告诉她，等他在南方安顿好后，就一定接她过去。

得知高志航要离开的消息，张学良很难过，说他这个有用之才在他这里派不上用场，或许在另一个地方才能够施展拳脚。最后，他给高志航写了一封亲笔推荐信，这是他现在唯一能够帮上忙的。

走到关口，发现到处都是日本人，他们已经不费吹灰之力占领了东三省。为了躲避敌人的眼线，高志航化装成难民，在皇姑屯车站混入了开往南方的火车。望着窗外一波又一波的难民，这都是东北沦陷的结果，可他身为军官却无能为力，这使他痛苦万分，想到妻子更是觉得对不住她。又是一次长途跋涉，他不知道未来等待他的会是什么。

第二节　投靠国民政府　受尽排挤

火车一直马不停蹄地飞驰，两天过后终于到达目的地南京。当时是凌晨三点，天还没有亮，整个南京还在沉睡，高志航睁着睡意蒙眬的双眼随人流走出火车站。从人山人海中挣脱出来后，高志航呼吸了一口新鲜口气，南方城市的空气是甜腻的，还很潮湿，与北方干燥爽朗的空气不一样，他突然觉得陌生起来。

这次南下没有联系任何一个在南方的朋友，所以到现在高志航都还是孤身一人，没有人来接他。在不知道目的的情况下，他独自摸索到玄武湖边，找个石凳子就坐了下来。顿时心中涌起一股悲凉，没有保护好家乡自己却先流亡，他感叹一个军人的失职。而且三棵榆树村也被日军占领，他爹、娘、加利娅以及大女儿高力良和刚出生的小女儿高友良，这些妇孺老弱在殖民地的日子肯定也不会好过。都说男儿有泪不轻弹，可想到这些时，高志航却从眼角流下了一行清泪。他拿出告别加利娅时，她塞给他的一条白色手绢擦擦眼泪，迷迷糊糊靠着石柱就睡着了。

等醒来的时候，大太阳已经照在了身上，他浑身酸麻，又累又饿，他苦笑一下，在大鹏眼中雄姿英发又有气魄的他居然也沦落到这步田地。拍拍身上的尘土，舒活了一下经脉，等酸麻感消失后，他准备去找个小旅馆，整理下自己狼狈不堪的面容，吃碗热腾腾的面条，再为自己做打算。

一切都安排完毕之后，他决定去找在南京航空署工作的朋友刑铲非。当时刑铲非正在和署里其他人开会，刑铲非派人通知高志航让他在外面等他。开完会后，他就和志航见面了。两人见面互相问候了一阵，刑铲非得知志航现在的处境表示同情和理解，他来回踱步想了一阵，对志航说："我听闻在杭州笕桥建成了一座航空学校，你是空军出身，我可以引荐你到那里，笕桥航校的校长毛邦初当过我的队长，我们还算熟悉。"

高志航舒口气说："我看也只能这样，那就多谢你了。"刑铲非摆摆手："都是朋友用不着这么客气,我只是起个穿针引线的作用,至于你能不能在那边落脚就得看你自己的了,"停顿一下他接着说,"我倒是想提醒你一句,毛邦初的性格比较古怪。"志航说知道了,事到如今也只能随刑铲非到笕桥走一趟了。

到了笕桥见到毛邦初之后,他在办公室接电话,拿着烟头的手指示意他们在外边等一下。高志航借机环顾四周,虽然是新建的航校,起步比较晚,可是看其水平并不比东北航校差,可能是直接受惠于国民政府的原因吧,他在心里这样想,可就是不知道这里空军的作战水平怎么样。

正在思考中,毛邦初喊话叫他们进来。进门后,刑铲非给毛邦初介绍高志航,说了很多,可是介绍的时候毛邦初似乎很用心在整理手上的一本文件,根本就不抬头看他们。志航觉得很尴尬,直到刑铲非说到嗓子发干,毛邦初才抬头看了他们一眼,冒出几句话:"我这人不大喜欢违背上头命令的人,尤其是仗着自己有点本事就故作狂妄的东北军官。"

高志航听了,又惊讶又有一股火,本来准备把张学良写的亲笔信递给他看的,这时他完全打消了这个念头,他担心毛邦初误会他显摆,他要凭自己的实力证明给别人看。他把火气强压下去,尽量谦卑地说:"我可能一下改变不了毛校长对我们东北军军官的成见,但我既然到笕桥中央航校来了,我会扎实干下去，从普通的飞行员做起都没关系。"毛邦初说他可以考虑一下，毕竟航校正处于刚起步的阶段，需要大量招募人才，他让高志航等消息。

接下来几天，毛邦初到处派人打探高志航的过去，果然和刑铲非说的差不到哪去，直到从张学良那里得到对高志航的认可，他才放下心中的石头，通知高志航到笕桥中央航校来。不过他可不像张学良一样赏识高志航，他得杀杀高志航的威风，他把高志航的豪爽视为狂妄，"太不像话了，哪有这样的军人"，他暗想到，就让高志航从普通的飞行员做起。

到笕桥航校之后，航校其他飞行员的态度和毛邦初差不多，他因为东北军军官的身份受到排挤。练飞时别人都聚在一起探讨飞行的技巧，见他远远走过来，大家一哄而散，各自奔赴自己的飞机。他们认为东北航校比笕桥航校成立早又能怎样，他们可是直接受命于中央，而东北航校只是受命于地方。现在张学良失势了，他高志航也只能流亡到这里，看他怎样才能飞上枝头当凤凰。

高志航才懒得计较这些鸡毛蒜皮的事，他的目标是有朝一日和敌人打一场漂亮的仗，把日本人赶出关外，这样才能让家人和乡亲们不受委屈。一个人的时候他会给家里写信，得知志航一切安好，加利娅放心了，他回信告诉志航，他们的小女儿会说话了。许力文也和高志航通过几次信，他告诉志航，东北现在在日本的统治下，上至军官下至百姓简直无法生活了，他打算也南下投奔志航。

第三节　结绳飞行　第一支驱逐机队诞生

日本加重了侵略中国的步伐，1932 年冬天，北平和上海等地掀起了捐款献机救国的狂潮，不久北平就筹到了 5 架飞机，准备举办献机典礼，以此来激发全国人民抗日救亡的斗志，毛邦初也从笕桥派 5 架飞机参加这次典礼。为了显示笕桥中央航校的实力，毛邦初要以结绳飞行的方式飞到北平。所谓结绳飞行，就是将 5 架飞机的机翼用绳子连在一起，组成菱形的队形，一同起飞并飞行，再一同徐徐落地，这可是个高难度的挑战。

此时许力文也来到了笕桥，他和高志航一样是个普通的飞行员。有了许力文这个故友，高志航觉得日子明媚多了，他依然像以前一样豪爽、有胆识。当毛邦初下达结绳飞行的命令后，没有一个飞行员敢出来报名参加，他们如避讳瘟疫一样避讳这道命令，个个都推脱掉。眼看献机典礼的日子一天天靠近，毛邦初正犯愁。高志航来到毛邦初办公室，告诉毛邦初他可以参加，毛邦初怀疑说："你行吗？"高志航回答："尽力尝试应该没问题。"他顺便也推荐了许力文，毛邦初只能答应了。

高志航和许力文首先把两架飞机连接在一起，先做结绳飞行的尝试。航校其他成员嘲笑他们是痴人说梦，没准儿刚一起飞绳子就断了，他们等着看好戏。结好绳后高志航和许力文相互击掌鼓励对方，就跨上了飞机，他们相信彼此之间的默契。自从在法国留学主修驱逐机专科以来，他们就在一起，这次初步演练，配合好一定会成功的。

果然从起飞、飞行到降落，没出任何问题。飞机降落后，那些嘲笑他们的人脸色很难看，个个像霜打的茄子。毛邦初很高兴，他亲自派了另外三名成员，分别是李桂丹、刘粹刚、刘志汉，规定在高志航的带领下训练，然后必须成功完成典礼。毛邦初想，这次结绳飞行如果能够成功，他的名望将提高，他梦寐以求的国民革命军空军总司令这个职位离他就更靠近一步了，而空军总司令却让周至柔担任着，他很不服气。

献机典礼的日子终于到了，在北平的南苑机场早早就有民众等候了，他们知道空军是战争中的主力军，都想一睹中央空军的风采。可是天公不作美，这天北平扬起了黄沙，铺天盖地的，让人睁不开眼睛。

由于天气恶劣，很多参加典礼的外国飞机从汉口起飞，只能滞留在石家庄，根本无法飞进北平。已到中午，黄沙迟迟不散，人们想笕桥航校的飞机恐怕不会来了吧。正当大家灰心丧气时，轰隆隆的声音穿破沙尘，直逼人的耳膜。原来是高志航率领的飞行队来了，他们驾驶着 5 架黄色的"福利特"飞机，用绳子牵连着，组成一个整齐的菱形从人们头上而过。顿时人群欢呼起来，有的挥手，有的把帽子抛向空中，有的摇旗……整个南苑机场沸腾了。

等志航他们降落后，人们跃过完好无损的绳子去迎接。高志航他们也和大家一起高喊：打倒日本，还我东北，拯救中华！声音围绕在偌大的南苑机场久久回荡，高志航的声音都快喊哑了，当大家唱起《松花江上》：

我的家在东北松花江上，那里有森林煤矿，还有那满山遍野的大豆高粱。

我的家在东北松花江上，那里有我的同胞，还有那衰老的爹娘。

九一八，九一八，从那个悲惨的时候，脱离了我的家乡，流浪！流浪！

哪年，哪月，才能够回到我那可爱的故乡？

哪年，哪月，才能够收回那无尽的宝藏？

爹娘啊，爹娘啊。什么时候，才能欢聚一堂？

高志航和许力文的眼中涌起了泪花，众人也相拥而泣，边流泪边歌唱。此刻高志航下定决心痛打日本，他的命不仅属于家人，更属于东北和中国。

典礼完毕后，高志航他们受到总司令周至柔的赞扬。许力文和其他三个人先开飞机回笕桥了，高志航想晚一点回去，等力文的飞机看不见时，他调转机头，一路向北飞行。他又看见了一望无际的东北大平原，可这已经不属于中国了。他接着飞，仔细观看地形，直到看见熟悉的三棵榆树村的驼峰山，因为没有机场可以停落，他只能不断地在村子上方的天空中来回飞行，他希望加利娅能够看见。

抗日英雄
高志航

听见久久不肯散去的飞机声，加利娅正在切菜，她断定是志航，差点儿切到手了。她扔掉手中的活儿，在房间顺手拿一块布，冲出家门向天空不断挥动手中的布，放开嗓子喊："志航，我在这里，我在这里，志航。"她追着志航的飞机跑，跃过小山岗和小河流，直到志航的飞机离去、她跑到精疲力竭为止。

志航回到笕桥航校，过段时日后，中央建立了中国第一支空军驱逐队，这是中国空军历史上的一个里程碑。鉴于志航在献机典礼上的优良表现，加之他在法国留学时学的就是驱逐机专科，中央空军总司令周至柔把他调到驱逐队，并升任他为少校队长。毛邦初得知后，非常生气，他想他不仅没有提升，反而让高志航占便宜了。他告诉高志航不要得意太早，今后要走的路还很长。

第四节　军令无情　不得不与妻子诀别

等南方的局势稍微稳定一些，高志航在驱逐队也站稳了脚跟，他把许力文也调到了他的队里。这个时候他想是该把妻子加利娅接到笕桥来了，他的小女儿高友良他还不知道长什么样子呢。

接到志航的信后，父母得知他在杭州一切安好，也就放心了。全家人围坐在炕上的小桌边说了将近一宿的话，大女儿高丽良蹦蹦跳跳跟着妈妈收拾行李，她小脸蛋儿跑得绯红，可她很兴奋，一点儿都不累。妈妈临走的时候，却不带她只带妹妹上路，虽然妈妈告诉她兵荒马乱，她一个人不便带两个孩子，她还是撅着小嘴不高兴了。她和奶奶送妈妈坐上车后，她的眼泪一直在眼中打转儿，加利娅也忍着眼泪。车开老远了，她还不断向她们挥手："不许哭，丽良，要听奶奶的话。"

来到笕桥，多年不见，小女儿都四岁了，像加利娅一样漂亮，有一双蓝色的眼睛，高志航差点没认出这就是他的孩子。他们一家人紧紧拥抱在一起，战争年代的重逢实在不容易。高志航抱着女儿对去接加利娅母女的许力文说："快去叫几个要好的兄弟过来，今晚上你们就住我家了，咱们要好好庆祝一下，欢迎我的小公主驾临笕桥。"说完就用胡须扎友良的脸蛋，友良边躲避边咯咯笑起来。

加利娅像从前在奉天的时候，家里来了客人，她一定备好丰盛的酒菜。那天晚上他们聚到夜深才各自散去，第二天高志航一家起床时，已经将近中午。友良睁开眼睛就吵着说饿了要吃东西，加利娅刮了一下她的鼻子，说："小馋猫，不要闹，一会儿爸爸带我们上街。"一听说要上街，友良就来了精神，以前她和妈妈在三棵榆树村的时候，只有春节才能到县里去逛逛。每次逛街，加利娅都带着两个孩子逛到天快黑了才回家。

抗日英雄
高志航

高志航开了一辆军用三轮，他让加利娅和女儿坐他右手边的座位上，一家人就在摩托的轰鸣声中出发了。女儿还是头一次坐这样的车，她兴奋地不断问爸爸这是什么、那是什么，高志航也扯着嗓子回答她的问题，因为车子的声音实在太大了，他不得不大声一点儿，让她听得更清楚。

因为战争的缘故，街上不再像从前一样热闹，显得空旷，高志航一路都开得很快。开到一半，高志航远远就看见毛邦初在前面，他放慢速度，缓缓停下来。

下车后，他向毛邦初敬了个礼，然后给加利娅介绍："这是我们的首长。"

加利娅礼貌地对毛邦初打招呼："首长您好，我听志航说起过您。"

毛邦初上下打量了一下加利娅，然后再看一眼志航身边的友良，对加利娅说："看样子你不是中国人。"

"是的，我是俄国人，但是已经来中国很多年了。"加利娅笑着回答。

"嗯，而且还不是一般的俄国人。"毛邦初又说。

高志航帮加利娅回答："她以前是俄国贵族后裔，但是现在不是了，尤其是做了我高志航的妻子后，就是个普通的东北女人。"

毛邦初笑了笑："女儿都这么大了。"

"对，这是我们的小女儿，"加利娅看着女儿说，"友良快叫爷爷。"

友良叫了声："爷爷。"

"小丫头挺机灵的，"然后对志航说，"高志航，明天来我办公室一趟，有事情和你说。"

高志航答应后，毛邦初就离开了。

这天，高志航带加利娅和友良看了西湖，吃了水晶翡翠饺、明良生煎包、蜜汁火方等各种小吃，还给母女俩买了衣服。那天过得很开心，加利娅说怎么一眨眼的工夫一天就过去了。

第二天，高志航来到毛邦初的办公室，毛邦初一脸严肃地告诉志航，他们军队里有条军规，中国籍空军不得娶外国籍女子。毛邦初让高志航必须做个了断，要么离开加利娅，要么离开空军驱逐队。

这是一个晴天霹雳，听完后高志航差点儿没站稳。镇定下来后，他反问毛邦初："这是什么规定，我在东北航校的时候根本就没听说过。"毛邦初给了他一个冷眼："这是在中央，不是在东北，到了这里就要守这里的规矩。"最后他给高志航下达了命令："必须在这段时间处理好你和外籍妻子的关系，要不然就离开你的飞机，不当空军。"

毛邦初真正给高志航点了死穴，放弃哪一头都可以要他的命。他一路握紧着拳头，却无法知道怎样与命运抗争，他告诉自己：高志航啊高志航，你一向都是敢作敢为有主见的人，现在你也不知道该怎么选择了吧？投效空军是你一生的事业，加利娅是你生命的另一半，不当空军你就等于是个废人，你还想有一次右腿折断的经历吗？没有了加利娅，等于没有了灵魂。

他情绪极其低落，回到家却要强打起精神，他不忍把这件事告诉加利娅。加利娅发现了志航的情绪异样，每次问他，他都说是队里的事情太多。可以前在飞鹰队的时候，队里的事再忙，志航都处理得干净利落不像现在。

好不容易加利娅才从许力文那里打听到消息，当许力文支支吾吾告诉她真相时，她一下陷入了沉默。接下来的几天，她待志航和女儿比平日里任何时候都更好，把一天当成几十年来过，瞒着志航她已经写好了离婚申请书。志航做不了的决定她帮着做，她知道志航离开不了飞机和蓝天。

她给志航把每一件衣服都叠整齐了，给女儿做了最后一顿饺子后。趁志航到队里的时候，她告诉友良她想上街买东西，估计很晚才会回来，让她告诉志航："妈妈永远想你们。"她就随毛邦初派来的人离开了，离开笕桥，离开三棵榆村，走出关东，走到中国最北边的漠河，然后一个人继续向北走下去，再也没有回来过。

第六章　飞鹰的雄风

第一节　祝寿献艺　被蒋介石授予勋章

当高志航从驱逐队回到家，空荡荡的房间只看见友良一个人趴在地上玩玩具。友良告诉他："妈妈说她今天出去买东西，很晚才会回来。"高志航抬起手腕看了一眼手表，已经晚上十一点了，按理说加利娅早就该回来了，这么晚街上早就是冷清清了，他感觉到事情不妙。友良把玩具抱在怀中："妈妈还说她会一直想我们的。"

听到友良的话，明知道加利娅为了不让自己为难主动选择了离开，可他却不相信，他要到许力文那里问个明白。

许力文一五一十把情况告诉了志航，夜已深沉，他披着衣服站在昏暗的灯下对志航说："嫂子深明大义，交代我不要把她离开的事情告诉你，但你迟早都会知道的。"

志航深深叹了口气："我欠她的太多，要补救一切都来不及了，我真没用，自己的妻子都保护不了。"

许力文惋惜道："你也就接受事实吧。"

高志航转身消失在夜幕中，他的腿都软了，只觉得以前受伤的部分隐隐作痛，这条腿是加利娅还给他的。受伤那段时间，加利娅照顾他的每一个情景都历历在目，每次他开的飞机从自家头上飞过，加利娅都站在阳台拿着手中的衣服向他挥手，他还记得当他向加利娅兴高采烈谈起飞机，加利娅故意做出生气的样子："知道飞机才是你的第一夫人。"这一切仿佛发生在昨天，可此时此刻已经物是人非。

志航一个人在外面待了一夜，他想了很多，失去了加利娅，他要把自己的一切都献给航空事业。加利娅的离开是让他好好经营自己的梦想和志向，他一定不能辜负加利娅的期望。等到东边亮起了鱼肚白，他才跟跄着向队里走去。

回到队里，高志航就接到周至柔的通知。蒋介石委员长的生辰将至，海陆空三军都将进行阅兵表演，他们空军作为中国新兴的战斗队伍，一定要好好准备，不能输给海军和陆军。周至柔说："你们精湛的飞行技术和作战实力就是送给蒋委员长最好的生辰礼物，另外我们中央航校的水平要尽最大的努力展现出来，因为到时候在场的还有很多外国人，必须要让别人刮目相看。"说完后，他分配了各个机种的任务，当然高志航也被列入了阅兵队伍的行列。

得知高志航参加阅兵仪式后，毛邦初找到志航。他说："我知道你的飞行技术在中央空军中堪称一流，但是我建议你在阅兵式上最好不要太过于表现自己，尤其是那些高难度的飞行动作奉劝你不要做。"高志航没任何表情地对他说："我自己心里有数，该怎么做，心里有杆秤。"这是高志航的一语双关，加利娅的事情会让他一辈子记在心中。

毛邦初见志航对他如此傲慢，再一次警告他，他听都没听就离开了。这次祝寿献艺，他想他一定要好好表现，任何人都阻挡不了他。

1934 年 12 月 31 日，蒋介石的祝寿活动在上海举行。先是海军和陆军的表演，最后才轮到空军作为压轴出场。美国、苏联、法国等国家都派出了本国最优秀的飞行员出场，飞行员训练有素的表演激起了观众的阵阵掌声，他们都被国外出色的飞行技术和优质的战斗机给震撼了。观众惊叹的时候心里难免产生落差，毕竟中国立志建设空军的时间要远远迟于这些国家。他们想中国空军肯定还是一匹刚刚学会走路的马，离奔跑恐怕还早着了。站在观看台上的蒋介石委员长同他的夫人宋美龄女士估计也是这样想的，外国空军表演完后，他们与飞行员代表一一握手，心里别有一番滋味。

看完国外的表演，正当观众感到垂头丧气时，由高志航领队的 36 架飞机从笕桥飞来了，其中 16 架飞机组成了一个浩浩荡荡的"中"字，剩下的 20 架飞机组成了另一个"正"字，36 架飞机列着整齐的队伍从阅兵场上经过。看见是中国的飞机，而且观其架势一点儿都不逊色于外国飞机，人们情不自禁地响起了掌声。第二次飞行队回头经过的时候，两个队伍又合并成了一个队伍，组成一个大大的"V"字形，象征着胜利。

地上的掌声更大了，如同擂起的战鼓一样。宋美龄不断称赞："太了不起了，不知道这些小伙子下了多少工夫。"

接下来是飞行特技表演，终于等到高志航一个人出场了。他飞到远远的天边，深吸一口气，仿佛加利娅就坐在自己身边，他告诉自己不要紧张，一定要好好完成两个大家翘首以待的特技。

他加满油门，如一条愤怒的龙从云里面俯冲下来，做了个漂亮的贴地飞行，再怒吼着飞向蓝天。还没等观看的人反应过来，许力文驾驶着飞机出来了，这次他只是配合志航完成任务，他紧紧飞行在志航的后面。就在这个时候，志航稳定一下精神，突然如孙悟空一样翻了一个大跟头，再猛地拉起机身，一个鱼跃龙门就稳稳落到力文的身后。因为在与敌人作战的时候，最忌讳的就是被敌人咬住自己的尾巴，这样进攻的主动权就会牢牢掌握在敌人手中。高志航做的就是变被动为主动，这就是他经常对学生说的空战艺术。

当大家意识到这层意思时，掌声如同雷声一样，几乎要盖过飞机的轰鸣。"太危险了，这个人在拿自己的命开玩笑吧，真的不可思议！"外国飞行员如此说道，因为到目前为止还没有一个飞行员做到反被动为主动的。

表演完后，蒋介石夫妇与高志航合影，并给他颁发了军人里面最为荣耀的勋章：青天白日勋章。宋美龄激动地与他拥抱并说："你才是真正的空中飞鹰。"

第二节　严格训练　如何掌握空战技术

高志航手里拿着青天白日勋章，这是对他多年来辛苦练就的本领的肯定，更是对他的激励。妻子加利娅的不辞而别为的是什么，为的也是鼓励他在航空事业上走得更远，然后好好保护我们正在受侵犯的国家。加利娅现在一个人不知道流浪到了什么地方，在这兵荒马乱的战争年代，至今仍是生死未卜。

高志航已经升任空军驱逐队第四大队队长，他要做的是整顿军威，把中国的第一支驱逐队训练成国际一流的空战队伍。对于高志航来说，他是人机合一的，他驾驶的飞机不是普通的飞机，而是具有和他一样的喜怒哀乐。所以高志航认为，在空中作战不是简单地与敌人厮杀，而是一种艺术。

别看高志航平日里与他的学生和战友相处非常融洽，大家都喜欢他的豪爽和仗义，可是训练起来，他比谁都要严格，连对最好的兄弟许力文都不例外。

有一次，许力文和志航喝酒，酒意正浓时，他借着酒兴对志航说："我说铭久，不，志航，也不，兄弟，我许力文对你可是知根知底的，从东北航校效命张学良少帅，到法国留学，再到笕桥，我是一路誓死追随，所以有时候你还是可以对我手下留情，"他用手比画着说，"哪怕这么一点点都可以。"

抗日英雄
高志航

志航按住他的手："少来了，你又不是不知道我的脾气，我一向可是公私分明的，你就当我对你故意唱黑脸了吧，我见你没有喝醉啊，干吗说这些不着边际的胡话？"接着他也喝了一小口酒叹气到："哎，关键时期，敌我正处于对峙的状态，一点儿都不能马虎，我们驱逐队必须尽善尽美。"

高志航要做的第一件事情就是训练队员的空中缠斗，他一再告诫大家：空中缠斗，首先是要快，与敌人战斗时，要快速起飞，快速占领战斗的优势地位，否则只有挨打的份儿了。其次是要狠，拼命咬住敌人的尾巴不放，再给他猛烈的攻击。讲到这里有个队员说道："对于狠，那天在蒋委员长的祝寿上，我们算是见识了高队长的厉害了，高队长的反被动为主动的特技实在让人叹为观止。"

"这不是什么比登天还难的事，只要你们刻苦训练也完全可以的。"高志航笑着说。由于飞机在翻跟头的一刹那要受到离心力的影响，很多飞行员在体力上吃不消。最后高志航让大家在正式投入缠斗训练之前加大身体的锻炼，之后在驱逐队又多了一道亮丽的风景线。每天早上高志航领着队伍长跑，有时候还迎着启明星。下午也不例外，哪怕烈日再强烈也要坚持。

几个月下来，每一个成员都晒黑了，但是却比以前更加强壮。此期间的晚上，虽然没有严格的体能训练，高志航引导大家训练另一项绝技，那就是在周围漆黑，飞机又不打灯的情况下起飞，练就好这项绝技对敌人可以造成致命的突袭。许力文说这可是个考验，因为他们曾经在法国留学的时候都没有在夜晚飞机不打灯就起飞的经历。经过不懈的探索、试飞，大家终于成功了。

那个晚上，天还下着蒙蒙小雨，当志航和力文借着朦胧的月光成功起飞后，大家的志气受到极大鼓舞，原来只要下定决心做什么，就会成功，怕的是没有尝试的勇气。队员们都努力尝试，接下来的几天，就陆续有其他人掌握了这个绝技。高志航兴奋地告诉大家："这是我们第四驱逐队的撒手锏，今后的空战，我敢肯定，我们的队伍将是战斗在前线的主力军。"

有了强健的体魄，加上刻苦的训练，不仅许力文，而且其他很多队员都能够做到变被动为主动的进攻了。当他们翻一个跟斗下来之后，志航走到他们面前问他们有什么感想，有个队员说："很惊险，有那么一刻心都提到嗓子眼上了，不过很过瘾，至少我战胜了我自己。"志航拍了一下他的肩膀说："这就对了，其实世界上最强大的敌人不是别人而是自己，你看现在你连自己都战胜了，还怕今后对付不了敌人吗？"

眼看大家慢慢都掌握了一项又一项的空战技术，高志航最后要做的一件事情就是告诉他们空战技术的最高境界，那就是人机合一。特别是在战斗的时候，要把自己想象成为飞机的一部分，飞机翱翔的机翼就是自己自由自在飞行的翅膀，这样一切进攻和防守就会得心应手。他想起了以前在法国留学的时候，在飞机场的一个角落，当他因为不能很好驾驭飞机而闷闷不乐时，他的教官包庇斯对他说的那番话，没想到最后被自己奉为空战技术的最高境界。

在高志航的严格训练和深入启发下，他培养出来了一大批优秀的空军战士，比如有刘粹刚、柳哲生、乐以琴、李桂丹、郑少愚等人。正是这些人让中国空军的历史翻开了崭新的一页，在抗日战争中发挥了重大的作用。

第三节　宋美龄接见　向胜利起飞

一天下午，高志航正在给学生上课，他对着模型耐心地向学生讲述霍克-3的驱动原理和驾驶方法，他告诉学生霍克-3是现今国际上最为高级的战斗机，它进攻的速度和火力远远大于容克3。

高志航说："要是我们也能有一大批优质的战斗机，加之我们现在训练出来的作战实力，日本人就不会对我们嚣张了。"讲到这里，高志航接到一份通知，通知上说宋美龄将要接见他，并且有重要任务托付给他让他完成。

一听是重要任务，而且送通知的特派员还说情况比较紧急。高志航二话没说就跟随特派员踏上了前往南京的路程。

到了南京之后，宋美龄在家里的西客厅接见了高志航。一见到高志航，宋美龄就亲切地走上去与他握手，安排他坐下来之后，宋美龄说："上次在阅兵式上，你的特技飞行实在是令人大开眼界，过后我向周至柔问过你的一些情况，得知你以前是从东北航校毕业的，东北航校是已故张作霖将军在中国开设的第一座航空学校，要说我们中国空军的历史还得从那里说起，你算得上是中国空军里面开天辟地的人物了，"宋美龄让人给高志航端上茶后继续说，"更何况你还在法国留过几年学，师从著名飞行员包庇斯，掌握了最一流的空战技术，为什么你南

抗日英雄
高志航

下杭州后，却要从筧桥航校的一名普通飞行员从头做起呢？"

高志航谢过宋美龄的称赞说："我能从一个名不见经传的三棵榆树村走出来到今天，从毛头小子高铭久变成如今的高志航，这一切都还得承蒙以前我在奉天时张学良少帅的照应，只是最终没能效命少帅对我高志航来说是此生的憾事之一，"高志航语气缓慢，沉重地又说道，"就连最后我流亡南下时，少帅都没有忘记帮我最后一次，我这里一直揣着他给我写的一封亲笔推荐信，但我没舍得用它，初到南京的时候我就想我要凭自己的本事闯出一番天地来，这样才不辜负少帅对我的厚望。"

"噢，真有此事？"宋美龄感到惊讶，她没想到站在眼前的这位年轻的军官如此深明大义，还懂得知恩图报。

"我所说的句句都是实言，"高志航从军大衣最里面的衣兜里掏出了一封用牛皮纸包裹完好的信，小心翼翼地将信递给了宋美龄，"您请过目。"

宋美龄打开信，果然是张学良的字迹，是他的亲笔推荐信。她一边读信，脸上一边流露出欣赏的表情。读完信，她知道这封信对高志航的分量，就完好无损地归还给了高志航并让他好好保存。

她端起茶杯又放下，看着志航把信放好后说："是很可惜，张学良失去了一名虎将，他培养你们很不容易。但这怨不了谁，如今的时局一日比一天乱，动荡使人都无法把握自己的命运。

哎！不过你现在效命的是我南京国民政府，抵抗日寇相信也是少帅的心愿，你为我政府出力，变相说也是算报答了少帅的知遇之恩。"

志航点点头："您说的很对，我能给党国和少帅的只有这一身志气。"

宋美龄和颜悦色又真诚地说："我果然没有看错人，这次找你来见我，是要给你重要任务了。"

"您尽管命令，只要我能做到的，哪怕会遇见天大的困难，我都会去尽力完成。"高志航回答。

"困难还是有那么一点儿困难，据我所知，你们驱逐队在你的严格训练下，已经是一支高水平的作战队伍，但是你们所使用的飞机在国际水平上来说已经落后了，好马还得配好鞍，加之日军对我淞沪一带已经虎视眈眈，所以我要派你到国外走一趟。"

志航听后很是高兴，情不自禁从椅子上站起来："这也是我现在所担心的，我们急需一批优质的、一流的战斗机。"

宋美龄赞同道："只不过选什么样的飞机，以及从哪个国家买还是个需要仔细斟酌的问题。因为这涉及一大笔钱该如何花，你知道的，总是有些人趁机大发国难财。我想了很久，觉得把这任务托付给谁都不妥，最后就想让你去完成。"

说到这里，高志航已经知道了此次去国外购机的任务非同小可，飞机好坏与否更关系到中华民族的生存。他向宋美龄敬个军礼，严肃地说："请您放心，我高志航可以立下军令状，绝不浪费一分钱，一定要买到最好的飞机。"

宋美龄示意他坐下："我相信你，因为我一直相信自己的眼光。这样吧，具体到哪个国家买和买什么型号的飞机，你去找周至柔校长商量，商量好后给我回一份方案就行。"

见宋美龄如此信任自己，高志航暗自发誓他一定要给中央一个圆满的交代。见过宋美龄，他走出西客厅，在院子里看见一方西斜的阳光，顺着光线看见红如血的夕阳。此时此景很是熟悉，他感觉曾在哪儿见过，伫立在那里想了很久终于想起，他刚从法国留学回来，那阵还在飞鹰队，有个下午张学良召见他，交付给他到漠河剿匪的任务，他从少帅那里走出来，在屋外见到的也是此时的情景，也怀揣着同样的心情。只不过上次对付的只是土匪，而这次要对付的将是日本，而且将困难重重，他感叹世道变化之快。感叹中他向周至柔家走去。

抗日英雄
小故事

第七章　飞鹰再次飞往国外

第一节　赴意考察　购机遇见困难

高志航来到周至柔家，经过商量和思考，他们把前往的国家初步定为意大利和美国。特别是意大利，由于第一次世界大战的影响，刺激了其军工的发展，尤其是歼击机和拦截机的研发在世界上也处于领先水平。

周至柔问高志航到底买什么飞机，高志航说也还不确定，虽然目前队里的飞机大多还是从法国进口的莫拉纳·索尔尼爱型飞机，这急需要更新换代，但是高志航说一定要到意大利考察清楚，经过比较后，再确定买哪种飞机。周至柔也表示赞同，只不过他对高志航说，购机是件重大的事情，他怕高志航一个人无法完成任务，就委派毛邦初协助，更何况毛邦初也找过他，主动要求去国外购机。见周至柔校长都这么说了，高志航也只得同意和毛邦初一同前往意大利。

在飞往意大利的途中，许力文见志航的眉头一直紧锁着，碍于毛邦初在身边也不好询问志航。整个飞行过程中，高志航除了听毛邦初下令说这个购机计划必须听从他的安排外，他和毛邦初就没有过多的语言了。

好容易才挨到下飞机的时间，选好旅馆后，许力文一头就扎进了房间。躺在床上，他边看志航整理衣物，边长长舒展了口气，像憋了几十年似的说："志航还记得我们第一次随着姚锡久队长到法国时，你站在船头对着大海高喊'法国我来了'，海风把你的大衣都掀起了，你笑得很自在。这次又是我们一起出国，可你却像心事重重的样子。"

志航打开行李箱又合上："今非昔比了，经过许多磨难，你还不是变了。更何况旁边坐着一个毛邦初，就像这支枪一样，你不知道什么时候它会走火，什么时候它会把枪头对准你自己。"

听了志航的话，许力文一下就从床上跳起来："他在飞机上说一切购机计划要服从他的安排，万一你们的意见发生了分歧，他把枪口真对准了你，你该怎么办，服从？还是坚持自己的意见？"

高志航把枪扔进衣服堆里不以为然地说："我自有主张，你别操心就是了。"

"可我觉得事情还是很危险，毕竟他权高位重，又是皇亲国戚，并且处处为难你，瞧瞧他是怎样对付加利娅一个弱女子的。"听许力文说到这里，志航狠狠瞪了他一眼，他就闭口不谈了。

到意大利的当天下午，毛邦初就说他先到意大利空军司令部走一趟，看一下那边的情况，让高志航他们待在旅馆等候消息。见高志航没有提出反对和质疑的意见，毛邦初暗地里高兴，心想他的计划将会顺利完成，一切都在他的掌握之中，他高志航只是一个区区的队长，根本就奈何不了自己。这次意大利之行，虽说是共同商议购机，可到头来购机权力还不是牢牢掌握在自己手上。

他计划着下午就去找意大利空军司令的秘书，因为还在中国的时候，他已经和这里的秘书取得联系。他们商议着准备让意大利空军部把他们国家最差的飞机卖给中国，而中国付的钱还是购买优质飞机的价钱，这中间的差价就归毛邦初所有。他答应秘书，事成之后会给他一大笔钱。秘书说他会尽全力劝说他们的空军总司令，让一切都按照毛邦初的计划进行。

和秘书见面后，秘书说他已经劝说司令把一批他们在第一次世界大战中使用的飞机卖给中国。毛邦初满意地点点头，他先付一笔定金给秘书，说购机成功之后，剩下的再一次性付清。最后他对秘书说："我身边有一个比较伤脑筋的人叫高志航，他是受宋美龄委派一同前来购机的。虽然我已经安排他和他的随从待在旅馆，但是我相信他不会这么安分，他会主动找上门来的，万一他找到你以及司令，你一定说你们国家卖给我们的飞机绝对是最先进的。"

"那如果这个教叫高志航的人要先看飞机，该怎么办？"秘书说。

"那你就要努力拖住他，找任何不要他看飞机的理由。到时候我们交货后，把飞机运回了中国，生米已经煮成了熟饭，他高志航也不能怎么样了。"毛邦初摸着下巴说。

秘书又问："这就要冒风险了，飞机最终是要见人的啊，当所有人发现飞机不对头时该怎么办，宋美龄肯定会怪罪的你的。"

毛邦初冷笑了一下："你就不懂了，等事发的时候我再把责任推到高志航身上，毕竟大家都知道宋美龄见过的人只有高志航一人，不知道有我也参与了购机。现在全国的人都注视着高志航，只知道他是这次计划的负责人，盼望他把一批优质的战斗机带回中国，到时候哪怕高志航有一千张嘴也为自己辩解不清了。"

秘书似懂非懂地说："你这是找了一个替罪羊。"

毛邦初回到旅馆后，刚迈进一楼大厅，许力文立马就上来询问："校长，你见到了意大利空军司令了吗，他是怎样说的？"

看了一下站在一边的高志航，毛邦初说："你们自然不用担心，司令已经答应我把他们国家最好的飞机卖给我们，价格也很合理。你们要做的事情就是等着回国后接收飞机。"说完，就准备上楼了，走了两步还回头特意叮嘱："你们俩一定不要私自去找司令，那边我花了很大的力气才谈妥，你们不要去把事情搞砸了。"

等毛邦初的背影消失在楼梯拐角处，高志航对许力文说："你不觉得事情有蹊跷吗？他再三叮嘱我们原地不动，试想你什么时候会一个人行事，不想任何人看见。"

"那当然是有秘密的时候了，或者是有什么不可告人的阴谋，"说到这里许力文打了个寒战，"不会吧，他真有什么天大的秘密。"

"那咱们就边走边瞧，明天我们上司令部走一趟。"志航说。

第二天一早，他们就来到了司令部，可是被一个又高又瘦的人拦住了，并告知他们司令外出有事不在本部，让他们改天再来拜访。后来他们得知拦他们的人就是司令的秘书，但也没办法，就只能回到旅馆再做打算。

抗日英雄
高志航

第二节　扬名国际　受墨索里尼召见

高志航和许力文后来几次去找司令，都因为各种原因没有见着他。许力文开始垂头丧气了，高志航想要找毛邦初问个清楚，为什么每次他们去找司令的时候却吃闭门羹，而毛邦初没有任何困难就见着了司令。

高志航来到毛邦初的房间，见他正在看一份文件。高志航很生气地站在他面前说："虽然校长日理万机，但是听我的一番话的时间还是有的吧。眼看离委员长规定的回国的日子越来越近，国内的人也等待我们快点把飞机带回家。可是我们在这边却没有任何进展，到目前为止，我连司令承诺的飞机长啥样都不知道。校长你应该清楚，购机此事容不得半点差池，因为买飞机的费用有一大半是我们从老百姓那里筹来的善款，这可是他们的血汗钱，每一个大洋都是一个希望，我们要对得住那些翘首等待的人。"

他一口气说完后，感觉心里舒服多了，憋了很久的气得到了舒缓。毛邦初把文件放在桌子上，不紧不慢地说："你用不着这么着急，我不是说我把什么都处理好了吗，你没见着司令，司令确实是有事情在身啊，你看这个。"毛邦初把文件递给高志航，是一份用英文草拟的文件，大概意思是意大利空军部已经答应对中国出售飞机，价格中意双方都已经达成了共识。

高志航拿着文件反复看了几遍，见高志航一副不相信的样子，毛邦初拿出最真诚的架势说："我就知道你会质疑，心里一定在想事情为什么会这么快就解决了，但我给你保证，飞机的质量绝对是没有问题的，万一出事了，由我负责任。"见高志航还是半信不信，他接着说："我已经把购机情况向宋美龄夫人汇报了，她得知后也表示同意，这是她刚发来的电报。"高志航一看电报果然没错。

毛邦初有点着急了："对了，这次来意大利我们刚好赶上了他们盛大的阅兵式，除了意大利的海陆空三军外，其他国家的军人也可以报名参加，我也报了一个中国的名，我推荐的人是你。你要好好准备一下，这次阅兵式是真正国际化的阅兵式，场面比蒋委员长生辰那天的要大十几倍。你记住，这次你代表的不是你们驱逐队，而是全中国。"

"那什么时候呀？"高志航问。

"就是三天之后"，毛邦初做个三天的手势，这是他的一石三鸟之计。一、趁这三天，他好把生米煮成熟饭；二、好让高志航全身心投入准备，无法掺和到他的计划中来；三、高志航虽然在中国是一流的空军，但这次他面对的是来自各个强国的对手，他要看他如何在别人面前丢人。

毛邦初听说有阅兵式后心花怒放，他觉得这是天赐的良机，根本就没有多加细想就替高志航报上了名。看来此次购机计划他已经志在必得了。

三天之后的阅兵如期而至，意大利的首都罗马一下变成了世界上最热闹的城市。人们从各个城市蜂拥而至，都想一睹他们国家军人的风采，当他们的首相墨索里尼坐的车从人群中让出的马路上经过时，每个意大利人都狂呼起来，尤其是墨索里尼站在车上演讲时，他们更加激动了。

最先被检阅的是意大利的海陆空三军，这几十年意大利将近全国的人力和财力都投入到三军上，墨索里尼的目标是打造一支强大的、所向披靡的队伍，把意大利建设成一个军事化的国家。他们的海陆空三军果然不负他的期待，其展现出来的作战水平让人叹为观止。墨索里尼脱下黑色皮手套，向他的部队挥手致意，满脸自豪的神情。

来自其他国家的飞行员，他们的水平也很高。当他们从蓝天上经过时，高志航心里都很折服。等到扩音喇叭里宣布：接下来出场的是来自中国的空军。全场的热闹声一下冷却下来很多，因为很多人听信了日本的谣言，说中国空军是鸡蛋，日本空军是石头，鸡蛋是敌不过石头的。而在他们心目中，日本空军根本就算不了什么，就连鸡蛋都算不了。

高志航驾驶着飞机从人群上空飞过时，他感觉热闹已经静止，他似乎从一片冷寂的结冰的海洋上飞过，人们不屑的眼光就像是道道寒流。但他告诉自己，既然来了就要全力以赴。

当他在空中做着一系列倒飞、弧形高难度动作时，并且空中投靶的命中率为百分之百的时候，墨索里尼深深被震撼到了，没想到传言弱小的中国空军里竟然有这等奇才。观众们也感到很惊讶，他们的想法与墨索里尼的想法一样。来自全世界各地的记者都不断问，这个半路杀出来的黑马是谁，在他们参加过的各种阅兵仪式中，这种人才真是前所未见。

等到高志航完成最后一把投靶，又是一次百分之百的完美命中。墨索里尼早已来到他即将降落的地方，高志航一跳下飞机，墨索里尼就迎了上去，记者们也潮水般围上去，摄影的摄影、拍照的拍照。墨索里尼脱下披在身上的军大衣，然后伸开双手，按西方人的礼节给了一个表示最受欢迎的拥抱。他满脸都是赞叹和激动的神情，他说："没想到中国真是一个藏龙卧虎之地。"他又看了一下高志航驾驶的飞机，没想到还是他们在一战中使用过的，现在早已经过时了，他皱皱眉："你就开这个？不瞒你说，这种莫拉纳·索尔尼爱型飞机我们早就不用了。"

高志航为难地回答："我们此次来贵国，就是想要从贵国进口一批先进的飞机，只不过……"

"只不过什么？"

"贵国已经和我们签好了购机合同，但是目前我连卖给我们飞机的空军司令都没能见到面，更没有看见合同上的飞机。"高志航对墨索里尼同时也对着记者的镜头如实说。

墨索里尼一扬手："这个没关系，等阅兵完了之后你来找我。"

第三节　力战困难　把霍克-3带回家

阅兵一结束，高志航就来到墨索里尼办公室，可他不在，高志航却在办公室看见了另外一个高大结实的人。

见高志航一脸疑惑，这个人走近和他握手，并说："你是来自中国的高志航吧，我就是你一直想要见的人、意大利空军总司令。"

高志航立马对他立正行了个军礼："不知道司令在此，请您原谅我刚才的无礼。"

司令示意他用不着客气，只说："我是受墨索里尼首相之命来见你的，首相临行有事，把一切事务交给我，你说下你来的原因。"

高志航把司令购机的前因后果仔细说了一遍，司令疑惑道："我只和你们的校长毛邦初见过面，我还不知道你也是购机计划的重要参与人。毛邦初和我谈妥，准备买我国的福克式和纽堡 17 飞机。"

高志航一听这些飞机的名字就心凉了，因为这些也是在一战中使用过的飞机，很多已经赶不上现在一流飞机的水平，而且福克是德国的，纽堡 17 是法国的，这两样飞机都不是意大利本国产的。

司令接着对高志航说："当时我也纳闷了，为什么你们不买先进的飞机，却要买过时的飞机。"

说到这里，许力文匆匆忙忙赶过来，他上气不接下气："不……不好了，毛邦初和那秘书准备……准备把飞机运回中国了，现在就在机场。"

高志航立马冲出办公室往机场赶，司令和许力文也一路跟随。

来到机场，毛邦初正要起飞，却被高志航拦住了。高志航检查了一下准备运走的飞机，果然是被意大利淘汰的，他气急败坏，从毛邦初那里抢过合同撕了个粉碎，一把就把纸屑抛在空中："校长，这就是你用中国人民一分一分凑齐的钱买的飞机，这就是你对宋美龄夫人承诺的不负重任！"他大笑几声，用讽刺的语气说："我看也确实是物有所值。"

见自己的计划完全被高志航扰乱，而且意大利空军的司令也站在高志航身旁，他四处寻找秘书，秘书在这个时候已经不知道跑到哪去了。毛邦初又急又恼又恨，但他很快镇定下来，为自己编了一大堆理由。他利用自己是宋美龄亲戚的身份，一半请求一半威逼，让高志航不要把此事透露给中央。他承诺购机未成功和造成时间上的延误由他来负责任，回国之后一定好好准备抗战工作。

基于各种压力之下，高志航不再与他多计较，只是说让他好自为之。因为全面抗战就要爆发，毛邦初手下还有一大批听命于他的党国精英部队，像乐以琴、刘淬刚就是。但是高志航向司令说明，他不再买意大利的飞机，他准备到美国去购买。事已至此，毛邦初就不敢插手购机计划了，他只得先回国，而高志航带上许力文前往了美国。

到了美国，没有毛邦初的干涉，一切都顺利多了。和美国空军部门联系好后，高志航开了一辆军用越野吉普车就到各大飞机制造公司看货了，坐在车上，许力文东摸摸、西瞧瞧，不断感叹道："美国造的玩意儿就是好，你瞧瞧这发动设施这速度，其他国家真是没法比。"

"看把你美得，快把你的手拿开，不要碰坏了刹车器，我可要准备加速了。"高志航对许力文说。

"哪能那么夸张，你以为这家伙是纸做的一碰就坏，你听，"他用手拍拍车身，车身立马发出厚重的"腔腔腔"的声音，接着说，"纯甲级的钢铁打造。"

高志航笑了，他戴上墨镜好遮挡住刺眼的阳光，说道："少贫嘴了，待会儿可要干正经事儿了，我们这两天要跑遍所有的公司，你要帮助留意好飞机的类型，这次我们要试飞后才能购买。"

经过对比和试飞，高志航和许力文把目标锁定为寇蒂斯公司生产的霍克 –3 战机。这是由美国空军部研发出来的新型战斗机，一致受到美国空军的好评。当高志航看见了霍克 –3 之后，他对许力文说："你好好在地上看着，我现在要试试它的火力，看这匹战马是不是像报纸上说的一样神奇，我试飞的时候你记得目测一下它飞行的高度和稳定程度。"

说完几个箭步就跃到了飞机上，许力文紧紧盯住飞机，它有一个大发动机罩，而且起落架可以自由在机身两侧收放。随着志航不断往上飞，许力文估计霍克－3大约可以升至八千多米的高度，"太好了，这在战争中可以取得更有利的位置"，许力文很激动。

上到最高极限时，高志航感觉视野极其开阔，一眼还可以望见东边的海洋。他以740的马力俯冲下来，按动了一下开关，果然它可以做俯冲轰炸。高志航想，这就是他想要买的飞机，他毅然到美国来真是一个明智之举。

轰隆隆的声音慢慢停止，高志航跳下飞机，他与许力文交换了一个眼色，都知道双方对飞机非常满意。

这时寇蒂斯公司派来的售机代表笑盈盈朝他们走来，代表问飞机怎么样，许力文抢着说："还行。"

代表推推眼镜说："我倒是有个想法，我们公司还有一批仅次于霍克－3的飞机，只是发动机有点技术问题，但我可以便宜卖给你们，你再以霍克－3的价格向你们党国报价，赚取中间的差价。"见志航很不耐烦，他低声把剩下的话说完："你从差价里分一部分给我就行。"

这不是毛邦初的伎俩吗？他高志航才不会这样做了，发国难财一向是他认为最可耻的行径。

"代表如果真有这份打算，我看我们的生意干脆就一门也不做了，"他上车后召唤许力文，"许力文，还愣在那儿干吗，我们到下一个公司去。"

代表立马追上来赔不是，说他太小看高志航了。最后他们谈妥，寇蒂斯公司卖给中国 100 架霍克 -3 战斗机，价格要比卖给其他国家便宜一点儿。这时候高志航才把心里的石头放下，历经困难终于完成了任务。

第四节　英雄美人　第三次婚姻

　　回国的那天，国民政府的重要官员，社会各界人士加上各大高校学生都迎接高志航的胜利归来。走出机舱的那一刻，许力文被这阵势吓到了，偷偷告诉志航他很不习惯，志航附在他耳朵边上说了一句："真没出息，这点心理素质都没有，赶上和敌人打仗时，你该怎么办。"许力文一下就挺直了脊背，跟随志航从一群献花的学生中穿过，一直走到尽头，宋美龄就在那里等着他们。

　　高志航站在宋美龄面前，向她行了军礼，报告完此次任务完成的情况后，宋美龄高兴地说："我就知道你是最值得托付的人，我们准备把你带来的 100 架飞机整编成 3 个飞行大队，由你担任总大队长，你可要好好训练你的队伍，每个捐款的中国人都拭目以待。"

　　周至柔也走过来说："这个大队长的职位非你莫属，全国的空军中，再也找不到另外一个人像你能接受大队长的重任了。"

见领导都如此厚爱自己，高志航有些说不出话来，因为"九一八"之后，他南下的愿望就是今后能有一支自己的飞行大队，他要把他的每个队员都培养成骁勇善战的战士，他一定要凭自己的努力实现这个梦想。从之前投奔笕桥航校到现在，因为他是东北军军官的缘故一直受到排挤，大丈夫的志气实在难以伸张，为此他隐忍了很多年。如今他的梦想就落在了自己手里，一切都不是幻觉，有那么一刻他觉得自己无所适从。但是他还是用坚定口吻说："我高志航以自己的性命和名誉保证，一定不会让委员长和全国人民失望，从此我高志航与整个飞行队共存亡。"

等到高志航说完，记者们的相机都对准了他，他们记录下来了这个重要的时刻。高志航把许力文叫过来，许力文把一只皮箱递给宋美龄，高志航解释道："我们在美国买飞机时，得到了一个实惠的价格，所以您给我们的钱没有用完，现在我把剩下的原封不动归还给您。"

接过皮箱，宋美龄对众多记者说："诸位要把我们的英雄高志航好好在报纸里写一番，从在意大利一举扬名国际，到飞跃重洋把霍克-3带回家，一切都不容易。"

宋美龄的话音刚落，在场的人都对高志航和许力文报以热烈的掌声。一群女大学生给高志航和许力文献花，其中有个姑娘叫叶蓉然，是学校的校花。她走到高志航面前停留了片刻，直到她的同伴催她赶快献花的时候，她才意识到自己的失态，脸上像抹上了一片红霞，和手中的花一样娇艳。高志航道了声谢谢，她才离开，远离人群后，她躲在角落里还一直看着高志航。

她一半出于好奇，一半是出于仰慕。她父亲是一名商人，上次捐款购机的时候，他父亲捐出了五十万元，她不理解父亲为什么出那么多钱，因为在她看来，并不是每个人都值得信任。她父亲告诉他，他已经得知出国买飞机的人是高志航，所以才毫不吝啬捐出一大笔钱的。叶蓉然从父亲捐钱的那刻起，就想认识这位人物。如今在现场看来，父亲的话是正确的。听完高志航的现场演讲，本来准备献花之后就快点回家的叶蓉然被高志航的救国之志所感动，忍不住停留在那里听他继续往下讲。

等到高志航的演讲快要结束，外面的教堂隐约传来阵阵钟声，数着钟声好像是下午五点，叶蓉然掏出怀表一看果然是五点了。她才想起父亲说家里有事让她早点回去，现在已经错过了和父亲约定的时间。她出门拦了辆黄包车，就朝家里飞奔而去。

回到家，父亲问她关于高志航买飞机的情况。她一五一十地把在现场看见的、听见的都给父亲娓娓道来。父亲背着手说："在蒋委员长祝寿阅兵上，我就看好他，果然是个人物"，说完另递给女儿一份报纸："你看这是几天前的报纸。"

翻开报纸，只见有一个版面是与高志航有关的，内容大概是叙述高志航在意大利阅兵式上的精彩表现，还有他和墨索里尼的合影。

父亲说道："蓉然，你马上就要毕业了，我给你在报社谋了份职，不过你先要去实习。编辑今天刚打电话来，他已经给你安排好了任务，你的工作就是去访问高志航，为他写一个专版。"

蓉然欣然地答应了父亲，这正合她的心意。第二天她就到报社报到了，编辑再三告诉她要好好完成任务，高志航现在可是全国的风云人物。刚进报社就获得采访大人物的机会，蓉然想她一定要出色地完成工作。

刚见到高志航，高志航就认出了她是献花的学生。蓉然笑

着介绍自己："昨天你看见的我还是一名学生，今天我可是记者，为了不耽误你的时间，我们的采访就开始吧。"

"从哪儿说起了？比如哪一天、哪一年。"志航问她。

"你想怎么说就怎么说，不要顾忌什么。"

高志航就从他十几岁进入中法学校开始叙述他的经历，叶蓉然仔细地记录着。七月的南京热浪滔天，他们两个守着一壶清茶，说了一下午。在叶蓉然看来，高志航的故事比她看过的任何一本小说都迷人。等傍晚的凉风从门口吹进来，高志航说他已经讲完了，可叶蓉然还不能一下回过神来。

接下来从写、修改再到出版，叶蓉然一直都征询高志航的意见。有时候，见高志航忙碌时，她还帮着照顾他的两个女儿。日子久了，感觉志航就变成了她生命的另一半。

她跟父亲说了她的想法，父亲质问她："高志航可是有过婚姻的人。"她说她不介意。本来叶父就对志航印象不错，他出面提出把自己的女儿嫁给志航。

志航是有所顾虑的，因为他时刻惦记着加利娅。许力文劝说道："谁都知道你和加利娅的感情，但这么多年过去了，还没有她的音讯，而两个孩子又没有人照顾，相信你娶蓉然，加利娅是不会反对的。为了孩子，你好好想想吧。"

经过一段时间的思考，高志航接受了叶父的请求。婚后，他把力良和友良交给了蓉然，他就可以全身心投入工作了。

第八章　飞鹰在战火中翱翔

第一节　挑战极限　暴风雨中的八一四空战

高志航和叶蓉然结婚的时候正值华北大战爆发，婚后没有两天高志航就接到中央的命令。他们驱逐队作为战斗主力，需要由他带领飞往河南支援华北大战。

当时的气候变化无常，一会儿是艳阳高照，天空万里无云，一会儿又是雷电交加，暴雨和狂风严重阻碍飞行队的飞行。高志航一行人到了河南之后，恰好赶上了史无前例的雷雨天气，令所有人没有想到的是，日军一边进攻华北的时候，另一边却也铆足了全部力量进攻华东。

中央发来紧急电报，日军的军舰已经由上海虹口登陆。据内部消息透露，军舰上满载着火药、炸弹，这些军火是准备用来攻克上海、南京、杭州等重要城市的。而由日本派出的木更津连队则由台湾新竹出发，他们誓言要把笕桥航空基地夷为平地，以消除我国空军军事主力。所以中央令高志航的队伍从河南立马飞回笕桥保卫军事基地。

接到这份十万火急的电报，老天爷也好像愤怒了，一声怒吼，雷声几乎可以摧毁整个天地，闪电使人睁不开眼睛。刹那间，感觉天和地快要颠倒过来，成为人间的黑色地狱。

抗日英雄 高志航

恶劣天气使地上的交通都无法正常通行，更何况在天上飞行的高志航他们。但高志航在风雨中聚齐了所有队员，他撕破喉咙喊道："我们训练那么久的空战技术，现在是派上用场的时候了，如今笕桥的性命就掌握在我们手上。不管天上是下刀子，还是下炸弹，我们都必须前往笕桥，挑战我们极限的时候到了。"

队员们胸中充满了力量和愤怒，跟随高志航跳上各自的飞机，发动引擎，顿时泥土和水花四溅，再一拉机头，飞机一跃冲上了如大海般汹涌的天空。

他们排成了梯形队，紧紧跟随最中间的高志航，随时保持整齐的队形，不能让任何一个队员飞散。从机舱外飞进的雨水湿透了他们全身，高志航努力睁开双眼艰难地从乌云透出的间隙中辨别航向。穿越雷区的时候，飞机身旁不时落下闪电，雷声盖过了整个飞行队的声音。队员们个个紧绷着身体，有任何一点儿不注意就有被雷电击中的危险，高度集中的神经使身体每个部分都僵硬了。

飞出雷区直到看见地上白茫茫的一片，高志航总算松了口气，终于到西湖了！快飞到笕桥上空，就从地面传来的信息，说木更津队已经到笕桥了，他们不能降落，必须立马投入到战斗中去。

高志航的精神一下振奋起来，旅途的劳累和紧张都来不及顾忌。他脱离队形，飞进了一块厚厚的云层里。他的判断果然没错，一架重九六战机就躲藏在这里。

"可恶的小日本，没想到你们的飞机这么难看，遇上我算你遇到了阎王。"高志航嘴角扬起一丝笑意。对正机身，瞄准好目标，按下一个按钮，枪口就从枪塔中冒出来了，再猛一按另一个按钮，一排子弹就飞过去。敌机受到了惊吓，一下乱了阵脚，不管三七二十一就对志航的霍克 IV-1 号坐骑一阵乱发子弹。高志航偏了下机身，躲过一波子弹。他在云层的掩护下，飞到敌机的侧面，"原来你在这里"，志航找到飞机的油箱，狠狠再连发几次，子弹穿破了油箱，顿时飞机如得了瘟疫的病鸟，扑腾几下翅膀，从云里摔下来了，接着志航听见轰的一声，飞机爆炸了！

见大队长首开大捷，队友们个个士气十足。许力文紧紧咬住另一架"九六"，从敌人背后开火，"九六"的速度要比霍克-3的快，许力文从瞄准环里试了几次，都没有稳稳打到敌机。没想到队友乐以琴候在另一朵云里面，见敌机将要靠拢，三十公里、二十公里、十公里，这时乐以琴按动红色按钮，一条火蛇从枪口咆哮着打中了敌机的右翼油箱。又一架"九六"被送上西天了，许力文举着一面青天白日旗对乐以琴摇晃，乐以琴也摇动旗帜回应他，彼此都明白意思：漂亮，干得好。

高志航正寻找下一个进攻的目标时，忽然听见身后有沉闷的声音，直觉告诉他不好，被敌人咬住了尾巴，他上课时一直对学生强调空战中最被动的就是让敌人追踪。低头一看油箱表，不好，油快没有了，顶多还能坚持十分钟。他很快冷静下来，决定十分钟内把敌人吃掉，他拍了下他的飞机："老兄，现在就看你的了，我们现在人机合一，注意了。"

他加大油门，往上使劲拉动操纵杆，如美猴王翻了个筋斗，出神入化地就落到了敌人身后。再瞄准飞行员的脑袋，才一发子弹，飞行员就挣扎几下伏在了座位上了。又解决掉了一个，这时志航的霍克 IV-1 号发出异样的声音来，油量已经到极限。还剩两分钟，志航立马强制降落，落到机场，跑道让霍克 IV-1 的轮子刮出两道深深的痕迹，飞机用尽了最后一滴油。

站在地上，高志航仰望天空，雨已经停止，但天还是灰色的，天上战斗的声音是另一种雷声，火光相接把灰色的天空映照得如白昼。身处战争中，不觉得有什么，而在战争外，却格外惊心动魄，他不知道被打中的是自己的战友还是敌人，手心都捏出了一把汗。

火花慢慢熄灭了，一切都将归于平静，他的部队慢慢从天而降。高志航数着一架架飞机，直到最后乐以琴回来，竟然一架都没有少。

大家相互拥抱在一起，每个热血男儿眼中都有闪光的泪花，第一次实战，他们没有一个被生命抛弃。然后接到消息，此次八一四空战，他们以六比零的成绩战胜敌人，打下敌人六架飞机，还有十二架失踪。

第二节　再接再厉　八一五空战大获全胜

中日八一四空战，日本以六比零败给中国空军的号外传到赤井耳朵里，当时他正站在加贺号航母上，手拿着望远镜观看黄浦江的情况。

在日军看来，中国的空军还只是襁褓中的幼儿，而早在明治天皇时期，他们就已经开始了解航空知识了。在中国空军面前，日军是孔武有力的青年，没想到他们却败给了中国空军。"世界简直是疯了，开什么玩笑"，赤井觉得不可思议，得知号外的那一刻望远镜竟然失手掉进了黄浦江。

"怎么又是高志航，"山本走过来对赤井说，"记得在奉天的时候，我就没判断错，这个高志航将会成为我大日本帝国空军的劲敌，如今看来确实是这样。"

"真后悔九一八过后，在奉天没有把他解决掉，"赤井咬牙切齿说，"我们是放虎归山，而且放的是一匹猛虎。高志航当年在春日町茶铺前当众羞辱我，这笔账我迟早是要讨回来的。"

"可不是，所以我告诉你，赤井你报仇的时候到了。"

当天晚上，山本命令他率领的日本第二航空战队，于第二天清晨从加贺号航母上起飞，直接抵达杭州，他料想高志航的队伍打了胜仗，肯定会沉浸在喜悦中而疏于防范。这次他派出了34架八八式、九四式、九六式战斗机，几乎是倾巢出动，由赤井领航，他们想突袭笕桥。

八月十四日晚，在笕桥的老百姓为高志航他们送来了上等的庆功酒，连队里的人也蠢蠢欲动准备大肆庆祝一番。大家热热闹闹交流着作战经验，乐以琴和许力文最为活跃，他俩站在人群中再次重演他们共同歼灭敌人的情形，许力文扮演敌人，他憨厚的窘态惹得战友们哈哈大笑。

正高兴时，高志航大声说："许力文、乐以琴你们给我出来。"

"咋的啦，志航，咱们今天又是穿越雷电区，又是和敌人打得稀里哗啦地，这时候乐乐是应该的嘛"，许力文很不服气。

抗日英雄
小故事

"你们是不是把我平时给你们上的课都当耳边风了啊，骄兵必败，再次声明骄兵必败，不出我所料，明天日本方面绝对要反击，而且是恶战。"

大家安分下来，高志航说："现在每个人都必须停止任何庆祝，立马回营休息，明早四点集合，这是命令，尤其是许力文不许耍任何滑头。"许力文做了无奈的鬼脸，和乐以琴相视一笑，就和队友跑步回营了。

第二天一清早，果然笕桥再次受到日军来犯，幸好战前的机检工作已全部完成。赤井率领的队伍，如同一群野蜂袭来。还只听见沉闷的引擎声，高志航就下令所有队员上机，在忙而不乱中，大家在天上找到了各自适合的位置，做好请君入瓮的架势。

第一架八八式飞机进入大家的视野时，高志航飞过去，敌人立马加大马力准备甩掉志航，这架飞机一脱离队伍，整个队形一下就散了。顿时天空上火光飞射，耀眼的光芒映照在窗户上，惊醒了熟睡中的人们。他们再也睡不着，披衣起身站在阳台上看战争的进展，听见飞机的嘶吼，每个人都揪紧了心。

八八式飞机的速度赶不上霍克–3的速度，它费尽全身的力气都甩不掉高志航，快靠近时，高志航的大小扣提同时发射命中敌机，一声嘶哑的嚎叫，敌机冒起浓烟摔下来，"打中了，打中了"，阳台上的人欢呼相告"击中的是小日本飞机"。

就在志航调转身的时候，一架九六式飞机向他迎面开来。快靠近时，他见此人的面孔非常熟悉，拿起右手边的望远镜，没想到从望远镜里看见那个人也正在看着他，原来是赤井，脸上笼罩着杀气。

赤井想先发制人，趁高志航还没有取下望远镜的时候，就送出一排炮弹。高志航往右拉操纵杆，就势躲进了一朵厚云里。赤井捶着座椅骂："混蛋。"担心高志航在云里守株待兔，他绕着云飞一圈。高志航在云里警惕地听着外面的机声，凭判断等赤井靠近时，出其不意地连发几排子弹。听见金属的声音，刚好打中了。

飞出云层，志航见赤井的飞机摇晃了几下，又射中了他左侧的备用油箱，好！只剩一个油箱了。没想到这时赤井身后的后座机枪手端起枪，子弹穿透玻璃打进了高志航的右肩膀，顿时流出一股鲜血。

高志航忍着剧痛继续和赤井鏖战，后座机枪手让志航射中倒下时，赤井发现油已经不够，而且备用油箱早已损坏。这边志航因为流血过多，脸开始泛白起来。

紧要关头赤井已经杀红了眼睛，他想要与志航同归于尽。在几十公里开外，他把速度调到最快，用力拉着操纵杆急速前进，像爆发的火山冲向志航。志航根本就来不及躲闪，没想到赤井会拿出釜底抽薪这招。眼看志航将被赤井撞上，在他们一边的许力文把飞机横开过去。一声山崩地裂的巨响，两架飞机的炸弹全都引爆，掉到地上来的只剩下飞机的残骸，根本就见不着许力文的踪影。

高志航痛彻心扉地大叫几声："力文，力文，不要！"可在爆炸的巨响中，他的声音根本就微若轻风，而且被迎面涌上的热浪完全吸收掉。他愤怒如一只雄狮，以最猛烈的炮火攻击周围其他敌机，霎时天地都要一起燃烧起来了，人们望着惊险的天空，犹如世界末日降临了，个个紧张万分，不断在阳台上走来走去。

好不容易才等到太阳把整个光芒洒向大地，激烈的空战也终于停下来，来犯日军被打败，剩下的残兵败将也飞回去了。高志航等人降落时，他的霍克IV-1也如同主人一样身负重伤。救援队把志航从飞机上抬下来的时候，他脸色苍白，嘴唇发紫，脸上的肌肉不断抽搐，嘴里还喃喃叫着他的好伙伴许力文的名字，可是许力文再也听不见了。

医生说志航即将休克，必须立马住院治疗。志航随即被送到了杭州广慈医院。

第三节　抚慰军魂　英雄受伤疗养

得知高志航住进广慈医院的消息，他的妻子叶蓉然丢下报社的工作到医院来照顾他。医生告诉她高志航中弹的右肩膀已

经没有大碍，子弹取出后，因为他再次失血过度，所以要安心静养，不能因为外界的刺激而阻碍伤口的愈合。

叶蓉然很伤感，自从他们结婚以来，志航就一直有任务在身，想见一面都很困难，感觉两个人现今仍很陌生，但她还是忍住心中的抱怨，细心地给志航清理伤口。志航在昏迷中，一会儿叫许力文，一会儿又叫加利娅，折腾到脑门上沁出一层汗。见此情景，叶蓉然有再多的苦也只能独自往肚里咽。

志航慢慢恢复后，来自社会上的各阶层人士都纷纷来医院看望他，包括叶蓉然的同事。记者们向志航问起两次空战的状况和他对其的感受，大家眼中都闪烁着抑制不住的光芒，他们一致认为志航是穿越战火的大英雄。

可是志航却对着记者们苦笑一下："不是靠我一个人的力量就能打胜仗的，大家要看到胜利的背后有很多人坚持不懈的训练和努力，更有一些人为之付出生命，我希望大家记住的不是我这个大队长，而是那些背后一直努力着却默默无闻的人。"

为了不打扰到志航的静养，叶蓉然让她的同事都退出病房。这时候中央也派代表来慰问志航了，周至柔看望志航后，给他摊开一份文件，是一份嘉奖令。志航被委命为上校司令，今后专门负责南京的防空工作，他率领的飞行大队改名为"志航大队"。

"另外，我从宋美龄夫人那得到消息，"周至柔合上了文件，"为了纪念八一四空战的大捷，今后每年的8月14日就定为国民政府的'空军节'。"

讲到这里叶蓉然从椅子上站起来，扶着志航说："真是太好了，从认识你的第一天起，我就知道你是成就大事业的人，但是不管怎么样，你在我心中都是最棒的。"

志航谢过了来自中央的奖励，让叶蓉然为周至柔泡一杯茶水，周至柔让她不要忙了，这时才想起另外一件事来。他从衣袋里拿出一张支票，递到叶蓉然手里："好好收着，这是蒋委员长慰问高志航的一万大洋。"志航想起身，嘴里说："空战是兄弟们打的，按理大家都要受到奖励，更何况我一个最好的战友还因此离开了我们，打十几岁起力文就和我一起出生入死……"志航的声音开始颤抖。叶蓉然扶他躺下，安慰道："志航，我们知道你和力文的兄弟情深，力文的离开对你造成生命上的缺憾，更是我们'志航大队'无法挽回的损失，相信每一个人都会记住他的。可你现在不能再受刺激，万一伤口迸裂，你说我会好受吗？"她边说边抹泪。

周至柔也坐到志航床边，拉着他的手说："志航，你放心吧，你的弟兄我们都已经挨个奖励了，他们都是我空军的骄傲，小伙子们个个都是好样的。"稍微缓缓语气接着告诉志航："对于许力文我们专门派人到奉天走了一趟，刚安抚好他的家人，追加他为中华民国抗日英雄。哎，只是可惜他已经随战火烟消云散了，我们没有找到他的遗体，就只能收集他留下的衣冠安葬在烈士园。"

志航的脸又变成了灰白色："为什么会这样，为什么会这样？"他不断重复。然后伤口开始痛了，他感觉喉咙里有微甜的味道，捂住伤口吐出一口鲜血来。叶蓉然乱了手脚，用一个丝帕擦掉鲜血，对着门口的护士大喊："医生，快点帮忙叫医生。"

医生为志航再次止好血，打了一针镇静剂，告诫叶蓉然："之前我给你说过，病人不能受刺激，要不然伤口会迸裂，你怎么不相信呢？"

最后叶蓉然在周至柔走的时候，追出病房询问："周总司令，你能不能帮一个忙？"

"有问题你尽管开口。"

"我想让志航到一个环境好的地方去安心静养，等到他心情和身体都恢复后再回来，不知道可不可以？"

周至柔回复："完全没有问题，我这就回去请示宋美龄夫人，看她意下如何。"

"那就多谢总司令了。"

后来得到消息，中央让高志航到庐山疗养，等伤势好后，再回来任职也不迟。叶蓉然带上高力良和高友良，他们一家人先坐飞机到汉口，然后从汉口乘汽车到庐山。

大女儿见爸爸一直出神地望着车窗玻璃外面，忍不住好奇地问："爸爸你想什么了，这么入迷，我叫你几声你才答应我。"

他摸着女儿的头，"爸爸是在想一些往事，你看这也是平原，叫江汉平原，"指着外面说，"可是它不是黑色的，只有咱们那的土地才是黑色的。"

"我知道了，爸爸是在想家了，力良也想家。"

"嗯，爸爸不止想家，爸爸还想你们的力文叔叔。"

抗日英雄

高志航

第一节　寻妻未果　立志献身空军事业

　　庐山的空气滋养了高志航的伤口，他迅速得到恢复。只不过他一个人走在瀑布涧或是堆满黄叶的小路上，有时候想除了他的飞机和航空事业外，他生命中最重要的人一个个离他而去，他像失去了左右臂一样。先是加利娅，接着是许力文。下一个不知道又会是谁，他时刻都能嗅到死亡的气息。

　　他不知道这场抗战将会什么时候结束，或许会拉得更长，那么造成的灾难将会更大。此时，他比任何时候都渴望和平，他想到无忧无虑的童年。

　　那时日本还没有侵占东三省，庄稼快要成熟时，他随他父亲满高粱地里跑，大鹏的爹帮他们割高粱穗，割累了，这些长辈就坐在垄好的高粱梗上抽旱烟，拉些家长里短的话，到处都是粮食的味道。他也会和大鹏用自制的武器捉麻雀、下五子棋。空气是洁净、清爽的，没有半点血腥味。在简单的童年世界里他根本就体会不到与亲人、朋友永别的滋味，而如今那些日子已遥不可及。

　　此时他一边准备回飞行队，一边打听加利娅的消息。他给家里写信，家里回信说自从加利娅离开三棵榆树村，志航的父母就再也没有得到她的任何消息。他把加利娅的照片刊登在报纸的寻人启事栏，也迟迟没有回音，报社告知他，因为年代已经久远，根本就无从查起。

到了南京，他好不容易才遇见几个来自奉天的老乡，从他们那打听到加利娅在奉天停留过一天，但是又被人继续遣送到漠河一带去了，至于到漠河后怎么样老乡们就摇头说不知道。

志航这段时间都不能好好投入工作，他不能像别人一样好好品味两次胜战带来的喜悦。费尽所有的力量都没有半点儿关于加利娅的消息，他很后悔当时为什么就让她一个人默默离开了，离开后他应该立马就去找她，离开志航和女儿她就什么都没有了，只有一个人面对漠河的寒冷。可是志航如果把她找了回来又能怎样，两个人近在眼前却不能在一起的痛苦要胜于流放的痛苦，真是进也不是退也不是，像是老天故意让他为难似的。

加之高志航还不能够从许力文的牺牲中走出来，他认识许力文的时间甚至比认识加利娅的时间还长，彼此都是各自成长的见证人，因为太熟悉了，所以平时都会忽略掉他。直到力文随一股青烟消失后，驱逐队、志航军车的副驾驶座上，他再也听不见他的调侃了，再也看不见他迈着轻快的步伐一路小跑的样子了。

经历了种种，志航再次陷入人生的低谷，很是不能打起精神。别人只当是他的身体还没有完全康复，所以无精打采。其实只有志航自己知道，是心里的伤疤还没有痊愈。

一天，高志航刚走下飞机，他把头盔摘下来用手别在腰间，他的右腿有些发痛，可能是要下雨了，因为右腿自受伤以来，每逢阴雨天气降临的时候都会有些疼痛。在微弱的阳光下，他的身影有点一瘸一拐的。

这时刘淬刚他们把一个人拦在大门外，可这人扯着嗓子说要见高志航。刘粹刚说这是军事基地，一般闲杂人员不得入内。这人却说："俺可不是闲杂人员，俺是高志航兄弟。"

"什么兄弟，我们可没有听上校说过他有你这样一个兄弟。"乐以琴打量了一下他，只见他穿着一双破鞋，有三个脚趾头都还露在外面。

他不好意思把脚趾头收进去，把另一只脚交叉过去，想把破鞋遮住。这下可好，另一只鞋竟然有四个脚趾头在外面，他囧红了脸。乐以琴捂住嘴偷笑，没想到他突然往前闯，指着志航说："瞧瞧，那个走路一瘸一拐的就是他了。""志航，志航！"他高一声低一声叫道，刘淬刚他们还是用力拦住他。

听见这边又吵又闹的，高志航走过来说："什么情况，乱糟糟的。"

"志航，我是大鹏，我可找到你了。"大鹏还是冲破了众人的拦截，跑到了志航面前，五个脚趾头把鞋全撑破了。

志航高兴地说："原来是大鹏，让我看看，怎么成这副模样了？"

"哎，说来话长，鬼子太霸道了，我实在忍受不了那边的生活才来投奔你的，"大鹏咽下一口唾沫"我想先喝口水，再吃碗面。"

大鹏一番狼吞虎咽吃饱喝足后，就向他讲起关内的情况。关内在日本的统治下已经到了民不聊生的地步，不得已他才偷溜上运煤的火车到南京，准备投奔志航谋口饭吃。讲完后他递给志航一封信："加利娅在奉天遇见我时，托我给你的。"

高志航急忙拆开揉皱了的信，熟悉的字迹跳入眼帘。

志航：

当你打开这封信的时候，我们恐怕已经天各一方。请原谅我当时狠心地偷偷辞别，我随毛邦初的人走到奉天，我无时无刻不想念你和孩子。到了漠河之后，我会一个人回国，家里还有几门亲戚在，你放心我会和他们好好生活的。

如果我的离开能够成就一个中国空军精英，那么这是值得的。志航，没有人比我更了解你，我知道你内心是坚定的，而且有情有义。所以，你不要再找我，用所有心思去工作，处于战争中的中国比我更需要你。

加利娅

写于奉天

看得出加利娅是在仓促中写完信的，虽然简洁质朴，但字字千斤重。高志航仔细收拾好信，他想他一定要对得住加利娅的期待。之前的阴霾一扫而光，他整顿好情绪，全身心投入了工作。

第二节　坐骑重生　对霍克–3 的更新改造

高志航感觉此生再也没有什么遗憾了，所以飞机变成了他唯一最贴心的伴侣。也许某一天他随飞机会如同许力文一样机毁人亡，即便这样，他都能从容面对。

对飞机的爱已经超过了一般人对飞机的态度，高志航现在要做的第一件事情就是让他的霍克 IV–1 重生。他走进专门放淘汰飞机的库房，推开门就看见他的坐骑让别人弃置在库房的最中央，身上已经落满一层灰尘。高志航如同见到了最熟悉的

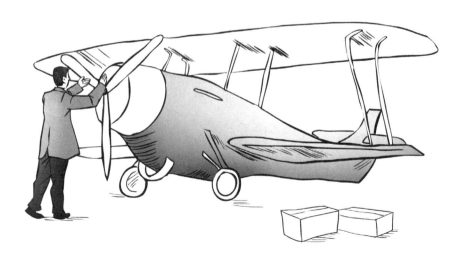

朋友，走过去抚摸机身，顿时灰尘飘雪似的掉了下来，他的手套上也沾满了灰尘。

"嘿老伙计，让你久等了"，志航边围绕飞机走一圈边说，脑袋里不断想让它重新飞起来的方法。阳光从库房的小方格窗户里照射进来，把一格一格的影子斜斜地投在地上，灰尘就在阳光里上下飞舞。灰尘很轻盈，即便没有风都飞得很快。志航想与日本的九六式飞机比起来，霍克–3的不足就是机身过于笨重，所以速度就要比九六式慢一些，而决定战争胜负最重要的因素之一就是速度。

"怎样才能飞得更快一些呢？"志航用指头抵住眉心，站在窗户投下来的影子中想。

这时候铁大门咣当一声打开了，把正入迷思考的志航吓了一跳。只见大鹏钻进一颗脑袋，从门缝里四处张望。

"要进来就进来，别鬼鬼祟祟的。"志航的声音在库房中回响。

大鹏蹑手蹑脚进来了，大门又咣当一声自动合上，他跳了起来："这铁家伙想自己关都不给人通报一声，"他还系着一条围裙，走到志航面前说道，"原来你藏在这旮旯儿，已经过了午饭的时间，怎么也没瞧见你来吃饭，所以我只好到处找你，我给你留了阳春面，热乎着呢。"

"那就谢谢你了，对炊事员这个活儿还满意吗？"志航跨

抗日英雄
高志航

上飞机，边检查零件边说。

"怎么不满意，每天都是白面馒头，还有大块肉，告诉你啊，这两样在咱关内现在可稀罕着了。还有，有你罩着，没人敢欺负我。"

"是吗，那敢情好，"突然志航一拍脑门，"有了，我想到让我的飞机重新飞起来的法子了。"他又跳下来："你看飞机肚皮下的担架，你把把看是什么做成的。"

走到飞机下，大鹏敲了敲："好家伙，又硬又笨重，肯定是用上好的钢材做的吧。"

"说得很对，我估摸着这架放炸药的大担架会使飞机的速度减小两成，而现在我们的作战任务是空中驱逐而不是空中投弹轰炸，所以不需要担负太多的炸药，拆下它，用别的更轻的材质替代，会让飞机的速度大大提上去。"

高志航越来越兴奋，拉着大鹏走到油箱跟前："其实这个副油箱上的流罩也可以摘下，那么飞机的速度又会提上去一点，你觉得怎么样？"

大鹏笑了一下："我这个老大粗的，哪像你懂得天上飞的这号高级玩意儿，你去问问机械师不就什么都结了吗？"

在机械师和志航的努力下，不久他的坐骑获得了重生，还改造了另外三架霍克–3战机。看着焕然一新的霍克–3，高志航摩拳擦掌忍不住就去试飞，果然比以前要灵巧得多。于是高志航、乐以琴、刘淬刚、李桂丹四人分别驾驶经过改造的霍克–3，组成了中国空军"四大金刚"。

刚组装完毕，他们就遇到了测试新霍克–3战斗力的时机。通讯员带来消息，说有三驾日本的侦察机从上海飞来，它们的目标是侦察我军的情况，现在已经快飞到了南京上空。

"不需要大家全部出动迎敌，只需要有一个人和我一起战斗就可以了。"高志航边跑边说。

"大队长我随你去。"乐以琴说完就直奔自己的飞机。

现在天上的战斗格局是二对三，高志航想让他先与其中两架缠斗，想法把这两架引出去，留下一架让乐以琴对付。见乐以琴正在对一架飞机发射时，一个呼啸高志航就飞出作战领域，果然两架飞机紧随他追了过来。

高志航没有把飞机开到最大平飞速度上，只用了七分气力。而敌机为了追上志航就把自己的速度提到了最大值，这样自然加大了耗油量。经过几个回合的追逐，高志航一听声音就知道敌机的油量已不多，他反攻的时候到了。

他一个俯冲就紧贴着了秦淮河，沿着秦淮河作贴地飞行特技，两架敌机也俯冲下来，它们在志航身后一阵扫射，顿时秦淮河的水溅起几丈高。高志航嘴角上扬，吹起了口哨，加大速度飞升上天，可敌机因为消耗过大怎么都爬不起来了。

其中一架一个跟头栽倒了河里面，惊起水鸟四处乱飞。"战争结束后我们再把飞机打捞上来，稍加修理就可以自己用了，小日本真会雪中送炭！"高志航心里想着。

在高空稍停留了一下，高志航再次俯冲下来，边做旋转俯冲的特技边发射炮弹，另一架飞机也被打下了水。

有经过的记者立马用相机拍下了这一幕，"真是轻松而漂亮的战斗！"记者忍不住感叹。

高志航的飞机摇摇头，像对着河面做了个鬼脸，就飞回去了，他这下要去协助乐以琴。他飞了半天都没找到乐以琴，他感到不安，带着惴惴的心情他只好降落回营地。

原来乐以琴已经先志航一步返回，他也击落了剩下的那架飞机。

"新霍克–3 的实力果然强大"，大鹏一边和面一边对打下手的吹嘘，他要做顿好吃的给志航他们庆祝。

第三节　卷土重来　10·12 空前激战

记者把他拍下来的照片第二天就以头版头条的方式发到了报纸上，高志航再次成为千家万户谈论的人物。卖报童抱着一大沓报纸，跑过大街小巷："号外、号外，中国空军屡次击落日机，打破皇军战无不胜的神话，我军万岁！"逢人就发一张。

当人们把手上的报纸一口气读完时，心中的气总算吐了个痛快，看日本还能怎么神气。可山本却没那么痛快了，日本空军屡败简直是奇耻大辱，他再次下令卷土重来，就在十月十二日的当天上午九点多进犯南京。

大批日军的重九六式飞机将要赶到时，"志航"大队的成员已经飞上了天空，组成备战的队形。大家的心情既紧张又激动，紧张的是九六式飞机仍然是他们的劲敌，激动的是他们可以和驱逐机战斗而不是专门和轰炸机战斗，这可是考验人的时刻。

如海啸轰鸣的声音离他们越来越近了，逼近后才看见是二十架飞机排成人字飞过来。这下天上一共有四五十架飞机，又是一次空前的战争，几乎每个南京人都密切关注着战争的进展。

高志航告诉大家，这次战斗不要缠斗，因为敌机的数量很多，所以要奇袭。见敌机靠近，"志航大队"立马变换成了两个队形，一大队由乐以琴领队准备迎战，另一小队由高志航领队，爬上八千里的高空埋伏，这天虽然是晴天，但是还没有到太阳当空的时候，天上还有云朵便于隐蔽。

下面的战火在高志航一行人爬上高空的时候就燃起了。乐以琴冲在最前面，瞄准了一个敌人，不断按动红色按钮，连发了几排子弹，敌人就被打中，由于子弹威力太大把敌人往后推到后座机枪手的位置上，顿时他就变成了一个稀巴烂的人。乐以琴猛冲过去，一阵横扫就把敌人的队形冲乱，现在其他的人也追过去，找准各自攻击的对象就猛烈开火了。

志航一飞上高空，他没想到敌人竟然比他们早一步到了，"可恶，小鬼子竟然学聪明了！"高志航骂到。这下可坏了，奇袭的主动要变成被动了。敌人经过几次败仗，觉得中国空军没想象中那么好对付，也就改变了进攻策略，山本一再告诉他们要时刻提高警惕，要懂得智取。

还没等志航完全升起来，敌人的子弹就射出了，从志航的飞机旁边嗖嗖经过，他不断躲闪，差一点儿被打中。他于是引领队伍向东飞去，这一飞又不得了，他们发现一批敌人的援机正赶到。高志航的血一下涌到了脑门，觉得头"轰"地响了一下，现在寡不敌众了，势必是一场恶战。

两面夹击的危急关头，由于飞机的限制又不能够继续上升争取到有利位置。高志航先是向左倾斜，然后向右倾斜，队员们都看懂了他的暗号，向左是俯冲，向右是往后空翻。

和志航一起，飞机嘶吼着往下俯冲，敌机也俯冲下来。志航紧缩眉头，身后飞来的炸弹落在了紫金山中，无数棵树木燃烧了起来，顿时浓烟滚滚。由于改装后的霍克-3要比九六轻巧，志航等人猛拉机头，飞机就轻盈升上去了，再来一个后空翻，如鲤鱼跃龙门就落到了敌机身后，照准敌机的尾巴用力打。很多架敌机纷纷落到山里了，接着发出落地爆炸的声音。这是捷报的声音，听见巨大的爆破声，而我军还稳稳停留在空中，地上观战的人们不断地敲响手中的锣鼓欢呼。他们观看了一次集体的飞行特技，这比任何表演都精彩。

没有锣，大鹏很着急，他拿起他和面的盆，用擀面杖敲，"志航你太了不起了，你是俺们奉天人的骄傲"。由于他敲击过急，使盆上残留下的面粉扬了起来，他整个脸都铺白了，他可管不了，还要继续敲。

乐以琴那边的战争也在激烈地展开着，战争太残酷，很多人都受伤了，但他们依然坚持战斗着。眼见敌人的攻势越来越猛烈，而乐以琴的子弹和油马上就要耗尽，他加大速度，在最后一刻跳伞下来，让他的飞机与敌人的撞上。等他降落到地面时，人们才发现他已让空中横飞的子弹打中，不省人事了，匆忙把他送进了医院。

幸好志航他们及时赶来才拯救了这支队伍，敌人虽然被赶走，但是我军也付出了代价。等他们一降落到机场，救援人员就赶来了，很多队员被担架抬走了。可能是战争消耗掉了太多的体力，加之以前受的伤还在，志航感觉极不舒服。当他得知乐以琴受重伤已经躺在了医院，他的一员虎将生死未卜，他摇摇晃晃差点儿摔倒，大鹏跑过来扶住他："你没事吧，要不要进医院？"志航摇摇手说："没事，给我倒一碗烈酒压压就好了。"

抗日英雄

高志航

第十章　飞鹰告别远去

第一节　接受援机　飞鹰遭人暗算

转眼就到了十一月，天气开始进入冬天，几场阴雨过后，南京的满大街都落满了枯叶。风把枯叶卷起，送到每家每户的窗前和门口。经过几次大败，日军元气大伤，不敢轻易来犯，这个月还算和平。

一日见大鹏坐在墙根下晒太阳，神情懒懒的，像有什么心

抗日英雄小故事

事。高志航从他面前走过，又折回来："干吗呢？怎么这副表情，像欠了一屁股债。"

大鹏耷拉着脑袋："哎，最近总是心神不宁的，右眼皮子老跳个不停，我们那有句老话叫什么来着，左眼跳跳是财，右眼跳跳是灾。"

"得了吧你，谁信呢？"

"我没骗你，不信你摸摸。"大鹏很不服气。

"我可没工夫和你瞎闹，委员长找我有事了，我走了啊，"高志航大踏步欲离开，"准是想家闹的，等抗战胜利了，咱一道儿回去。"

"快去吧，你只知道取笑我。"大鹏回答。

高志航又接到了重要任务，他将要赴兰州去接收一批苏联的援华飞机。因为从美国进口的霍克-3在几场战争中已经损失了不少，我军急需要添置新的飞机。接到任务，高志航率领一小队人马和一位机械师就欣然前往兰州了，走的时候大鹏特地赶来送他，隔着玻璃一再嘱咐志航要注意安全、要保重。志航哈哈大笑起来："你这个大老爷们儿，今天怎么像个大姑娘似的。好了，快回去吧，我会注意的，等我的好消息吧。"随即就出发了。

得知高志航只率小队人马到兰州去，毛邦初想是他好好教训一下高志航的时候了。之前和高志航的冲突一直如鲠在喉，尤其是在意大利都是因为高志航，他大发横财的计划才失败了，他一定要找到一个绝佳的时机，再好好给高志航一点颜色看看。

这次苏联给我国援助的飞机是 E-16，说是援助机，其实也还是卖给我国，只是在价格上稍微优惠一点儿而已。所以高志航还是非常认真对待这次任务，国家给他的钱每一分都要用到刀刃上。

接下来高志航要试飞了，E-16 个头小，却长着一颗大脑袋，小身子，小翅膀，如果速度、马力控制不好就很难驾驭。高志航在地上滑行的时候，见 E-16 一跳一跳的，苏联人手心捏出了汗，因为他在其他国家推销，飞行员试飞的时候，他们都让E-16 好好捉弄了一番，他生怕高志航也被甩出来。

滑行一段路程后，高志航逐渐熟悉了飞机的脾气，他一拉机头，E-16 轻快就冲上了天。"'小苍蝇'啊你可真淘气，不过你的速度比我新霍克 -3 都要快"，高志航管 E-16 叫"小苍蝇"，试飞下来对它很满意，而且它肚皮下两挺司卡斯机关枪每分钟能发 200 发子弹，暗中决定就是它了。

接收援机的任务一旦完成，高志航就率领他的部下返京。他计划从兰州起飞，期间会飞跃六盘山，到达西安后就在那里加油。之后飞跃洛阳，到周家口后加第二次油，然后一口气飞回南京。随从都同意高志航的安排。

可是飞到周家口这站时，北方一连几天都是阴雨天，天地间罩起了厚厚的雾霾，几十步开外根本无法辨清人影。高志航观测了一下气象，此种天气极易迷航。于是他们就在周家口稍作停留，等天气好转再做打算。

得知高志航滞留在周家口，毛邦初的脸上露出了得意的笑，他想这是个千载难逢的好机会，他想让高志航永远都飞不回南京。在日军那边，山本收到了一份秘密情报，情报上把高志航停留机场的位置说得一清二楚。铲除高志航是山本在东北奉天的时候就有的心思，而且自从八一四空战，日军屡败给中国空军，高志航简直成了他的眼中钉、肉中刺。

在周家口高志航停留的每一秒对他来说都是漫长的，他准备强行起飞早日赶到南京，因为他从报纸上得知，南京的战事又将一触即发。可就在这个关头，毛邦初下达命令让他们原地不动，说购机的成本很大，一架飞机都容不得任何闪失，等雾霾退去后再启程。此时毛邦初已经取代周至柔成为中国空军总司令，高志航实在无可奈何，军令难为。

每隔五分钟，高志航都要从总站出来观看一下天气情况。他观察完刚想走进屋的那一刻，忽然听见大批敌机以迅雷不及掩耳之势逼近了整个周家口机场。高志航拼命吹口哨，随从紧急集合。"三分钟之内，飞机要起飞迎战"，他脖子上的青筋暴露，随即上了 E–16。

此时，日军的炸弹密密麻麻从天而降，把平静的周家口机场炸开了锅，泥土四处飞溅。偏偏在这个时候，飞机出现了小故障，高志航发动第一次飞机没反应，第二次、第三次依旧没有反应。他怒吼道："机械师，快检查油门。"时间就是生命，耽误一秒都会酝酿出灾难。机械师抖动着双手，不断拨动着油门。高志航大声催促："快一点，快一点，不然来不及了！"十万火急之下，他的脚用力踢了一下飞机，终于飞机发动了。

高志航集中注意力，往上使劲抬操纵杆，飞机猛冲上了天。可几枚炸弹却不偏不倚地落在了高志航正在往上起飞的飞机上，在一声轰响中，高志航和飞机化成了火花和灰烬，此时他真正是和飞机融为一体了。

就在他灵魂消散的时候，他的手还紧紧握着操纵杆，在火光中他似乎清晰地看见了加利娅和许力文的脸。火光一消失，什么都不见了，仿佛跌进了无边的黑暗之中。

第二节　无尽缅怀　飞鹰离我们远去

眼见周家口机场已被日军夷为平地，虽然他们的飞机在战火中也让高志航的部下击落了两架，但他们还是满意地盘旋了几圈，留恋了一番自己的"战果"之后，就不可一世地飞走了。

接下来老天下了一场大雨，把机场上的灰烬与鲜血全部冲刷干净，太阳出来，把机场每一个受伤的角落都洒满了温暖的阳光。国族之间是有区别的，而大自然的阳光对每个人都是无差别的，无论你贫穷富有与否，无论你健康、受伤与否都会享受到太阳平等的普照，自然比人更有情。

阳光照射下来，周家口机场的每一寸土都又洁净、完整了，如高志航的生命一样。1937 年 11 月 21 日，高志航离开中国空军的时候，才过三十岁，许力文牺牲之后，高志航想在第二年的八一四这天，一定要好好祭拜这位出生入死的兄弟，而这点小心愿却成为高志航永远也无法兑现的诺言了。

得知高志航在周家口壮烈牺牲的消息，大鹏拿着他为高志航做的特制新军鞋，边擦眼泪边说："铭久我就知道你这次出去会出事，为什么当初你就不信了，看来很多事是注定的，是祸躲也躲不过。"他把高志航的衣物收拾了一部分，打了一个包裹："没事，铭久我带你回家，我就知道你一直忙于打仗，肯定想家了，走，我们这就回去。"大鹏把高志航的衣物带回吉林通化，立了一个衣冠冢。

高志航牺牲的消息传到张学良处，张学良首先是不断打电话确定是不是从他飞鹰队走出去的高志航。最后得知确实是那个豪爽、敢冒险的高志航后，他心中既有惋惜，又有对往事的追忆，多想回到他们在奉天的时候，可是英魂已去，年华已逝，一切都无法挽留。他颤抖着提起笔，铺开一张白纸，磨好墨汁，该怎样概括高志航的一生呢，想了半天最后他大笔一挥，用遒劲的字写道："东北飞鹰，空军战魂！"

全国的大小报刊都在第一时间报道了高志航受难的消息，叶蓉然所在报馆的报道由她亲自刊发，每写出一个字，丈夫的言行举止就不自觉地浮现在眼前。她一生最快乐的时光就是第一次见到志航，当时他是万众瞩目的人物，而她还只不过是一个即将工作的学生，她把花送到高志航手里的时候，做梦也没有想到她会成为高志航的妻子，虽然日子短暂，但对于她来说已经足够。高志航的死对她造成极大的打击，但她坚持把志航的报道写完，并守在油印机前，生怕印刷时出现意外。这个男人不仅值得她爱，也值得全国人爱，她要把志航的事迹详细告诉大家，鼓励每一个中国人秉承志航的心愿奋勇杀敌。直到印完最后一份报纸，她终于坚持不住昏倒了。

卖报童"号外、号外"的声音也变得沉重了，他把报纸塞到路人手里，就默默走开了。他只是一个孩子，还不知道死亡为何物，但他相信就像平日里那些大人说的，中国宁可损失掉几百架飞机也不能失去一个高志航。

一时之间报纸带来的阴郁氛围笼罩了全城、全中国，但最高兴的莫过于山本吧，这只老狐狸高兴了几天。但他高兴过后又开始惴惴不安起来，中国人抗日的士气大增，而且高志航培养出来的空军个个都骁勇善战，他们扬言要把日军赶出中国，想想他就如芒在背。山本不断诅咒：这个可恶的高志航，简直是阴魂不散。

在中国人的悲痛中，高志航的追悼大会在汉口的一个大会堂举行，大会由蒋介石亲自主持。周恩来也参加了。大家极其佩服高志航的勇气，对一身黑服的叶蓉然说："请你节哀顺变，高志航是好样的，作为中国第一批空军的领军人物，我们会记住这个战神的。"之后高志航的另一个衣冠冢被安放到宜昌，为了避免山本的掘墓报复，这个墓没有立墓碑，只有知情的人默默凭吊。

后来宋美龄到了台湾，她时刻都忘不了这个东北小伙子，没有任何私心，做事踏实负责，她再也找不到另外一个像高志航一样可以亲自委派重要任务的人了。所以她安排人在台湾重新为高志航立了一个衣冠冢，以后每年的11月21日，她都要带上一束菊花去看看高志航。

高志航有三个

抗日英雄

高志航

墓地，人们可以在不同的地方怀念这位"中国空军第一人"，这在中国是极其特殊的一个现象，而"志航大队"是他进入每一个中国人记忆的标签，也是无法忘记的一种精神。

抗日英雄
小故事